乡村旅游资源开发与利用

杨哲昆　何升华　主编

国家开放大学出版社·北京

图书在版编目（CIP）数据

乡村旅游资源开发与利用 / 杨哲昆，何升华主编
. -- 北京：国家开放大学出版社，2020.4
ISBN 978 - 7 - 304 - 08530 - 8

Ⅰ. ①乡… Ⅱ. ①杨… ②何… Ⅲ. ①乡村旅游—旅
游资源开发—研究—中国 Ⅳ. ① F592.3

中国版本图书馆 CIP 数据核字（2020）第 045250 号

乡村旅游资源开发与利用
XIANGCUN LÜYOU ZIYUAN KAIFA YU LIYONG
杨哲昆　　何升华　主编

出版·发行：国家开放大学出版社
电话：营销中心 010 - 68180820　　　　总编室 010 - 68182524
网址：http://www.crtvup.com.cn
地址：北京市海淀区西四环中路 45 号　　**邮编**：100039
经销：新华书店北京发行所

策划编辑：武洪敏　　　　　　　　**版式设计**：李　响
责任编辑：张　静　　　　　　　　**责任校对**：张　娜
责任印制：赵连生

印刷：玉田县嘉德印刷有限公司
版本：2020 年 4 月第 1 版　　　　2020 年 4 月第 1 次印刷
开本：787mm×1092mm　1/16　　**印张**：9.25　　**字数**：204 千字

书号：ISBN 978 - 7 - 304 - 08530 - 8
定价：28.00 元

"海南省农村干部大专学历教育"项目
系列教材编委会

主　　　任：孔令德

常务副主任：温　强

副　主　任：张君玉　符成彦　官业军　黄惠清

　　　　　　莫少文　曾纪军

委　　　员：（按姓氏笔画排序）

　　　　　　邢谷若　吉　雯　孙铁玉　李　军

　　　　　　杨哲昆　张玉秀　张艳敏　潘正昌

序 PREFACE

2018 年 4 月 13 日，习近平总书记出席庆祝海南建省办经济特区 30 周年大会并发表重要讲话，赋予海南新时代全面深化改革开放的新使命。重任在肩，砥砺前行，一年多来，海南省深入学习贯彻习近平总书记"4·13"重要讲话和 2018 年中央 12 号文件（《中共中央 国务院关于支持海南全面深化改革开放的指导意见》）精神，按照中央推进海南全面深化改革开放领导小组的部署，推进自贸试验区（港）建设，为加快建设经济繁荣、社会文明、生态宜居、人民幸福的美丽新海南努力奋斗。

在推进海南自贸试验区（港）建设的队伍中，有一股不容忽略的坚实力量——农村基层干部。他们在加快推进海南自贸试验区（港）建设、实施乡村振兴战略、打赢脱贫攻坚战等方面发挥了重要的作用。他们是党的路线、方针、政策在农村的贯彻者和执行者，是农村全面建成小康社会的引领者和组织者，是推动乡村振兴的"主力军"，是推进现代农业化进程和社会主义新农村建设的核心力量。

乡村发展是党中央一直持续关注的重大问题，也是建设社会主义现代化强国的重要内容。党的十九大报告把乡村发展提到了少有的历史与时代高度，提出要培养造就一支懂农业、爱农村、爱农民的"三农"工作队伍。2019 年中央一号文件（《中共中央 国务院关于坚持农业农村优先发展做好"三农"工作的若干意见》）也明确要求，"把乡村人才纳入各级人才培养计划予以重点支持。建立县域人才统筹使用制度和乡村人才定向委托培养制度，探索通过岗编适度分离、在岗学历教育、创新职称评定等多种方式，引导各类人才投身乡村振兴""实施新型职业农民培育工程。大力发展面向乡村需求的职业教育，加强高等学校涉农专业建设。抓紧出台培养懂农业、爱农村、爱农民'三农'工作队伍的政策意见"。

2010 年和 2015 年，中共海南省委组织部、海南省财政厅、海南省教育厅、海南广播电视大学联合下发了《关于印发〈海南省 2010—2015 年农村干部大专学历教育实施方案〉的通知》（琼组通〔2010〕25 号）和《关于印发〈海南省 2015—2022 年农村干部大专学历教育实施方案〉的通知》（琼组通〔2015〕22 号），由海南广播电视大学实施"海南省农村干部大专学历教育"项目。在该项目中，要求改革教学内容，将"农村基层党建实务教程"等 10 门课程列入培养计划。

　　海南广播电视大学组织专门机构和人员，调拨专项经费，编写了包括《农村基层党建实务教程》等 10 本教材在内的"海南省农村干部大专学历教育"项目系列教材。在编写过程中，中共海南省委组织部组织二处郑文权处长、官业军处长、吴永忠副处长、莫少文四级调研员等参加了大纲研讨、教材评审等工作，提供了其他文献和案例资料，并给予了具体的指导。《海南大学学报》原主编陈传汉教授为本系列教材进行了审稿，在此一并表示感谢。

　　我们希望本系列教材能够为新形势下海南农村基层干部建设发挥更大的作用，为新时代培养政治过硬、勇于担当、廉洁务实、具备高效服务能力的农村基层干部做出更大的贡献。

海南广播电视大学党委委员、书记

前　言

摸清乡村旅游资源，是乡村旅游开发的前提；掌握乡村旅游资源开发与利用的原则、方法，是高质量开发乡村旅游资源的关键。

海南是农业大省，在海南国际旅游岛建设中，海南乡村的热带田园度假成为支撑海南世界一流度假休闲胜地的最大、最有潜力的资源，在中国（海南）自由贸易试验区（港）建设中，国务院为其确定的四大基本定位之一是建设海南国际旅游消费中心。海南旅游最主要的消费是度假和休闲，这决定了乡村旅游资源开发在其中占据的重要地位。为此，中共海南省委组织部、海南省财政厅、海南省教育厅、海南广播电视大学联合发出《关于印发〈海南省2015—2022年农村干部大专学历教育实施方案〉的通知》（琼组通〔2015〕22号），全力推进海南乡村基层党员和干部素质的提升。为了落实文件精神，编者基于海南乡村基层党员和干部的基本特点与需求，编写了本教材。

本教材作为"海南省农村干部大专学历教育"项目系列教材之一，主要的读者是在农村基层组织工作的党员和干部。为了使教材有更强的实用性，本教材采取了"理论系统、叙述简明、案例丰富、突出实用"的编写原则，分为乡村旅游资源概述、乡村自然旅游资源开发与利用、乡村人文旅游资源开发与利用三个部分，主要包括乡村旅游资源的定义、说明、特点和分类，乡村自然旅游资源和乡村人文旅游资源开发与利用的目标、原则和方法等内容。在保证理论系统性的前提下，通过简要的理论叙述和丰富的案例说明，以及穿插的"小知识""小思考""学习活动"等内容，形成了易于理解、易于掌握的通俗型教材。本教材可作为农村干部大专学历教育教材，也可作为各类乡村旅游中短期培训的教材。

本教材由国家开放大学（海南）国际旅游学院杨哲昆副教授和何升华讲师共同编写，其中第一章由两人共同编写，第二章由何升华讲师编写，第三章由杨哲昆副教授编写。

在本教材的编写过程中，中共海南省委组织部不仅给予了经费支持，而且组织了多次认真细致的审议工作，海南广播电视大学资源管理与研发办公室做了大量的组织协调工作，编者在此深表敬意和谢意！在本教材编写过程中，编者参考了相关书籍和报刊，并为了提高案例可借鉴性和可操作性，审慎地引用了一些网络新闻报道，搜狐号、微信公众号及个人博客等发布的资料。使用相关资料时，根据本教材论述需要，在保证如实引用的前提下，对其有一定的删减和谬误订正。此外，为了使内容更加易于理解，引用了几幅民俗活动照片和景观照片，因难以找到最原始出处，故无法标注作者。编者在此向资料发布者一并致谢！本教材是编者在参与各类海南乡村旅游资源项目开发和各类乡村旅游资源课题研究过程中，探索形成的主要成果，因水平和时间有限，其难免存在一些不足，敬请读者给予批评指正！

编者

2020 年 2 月

目 录

CONTENTS

第一章

乡村旅游资源概述

情境

某村村委会召开会议，商量发展乡村旅游的事情。

村委会主任说："咱村缺山少水、风景一般、条件不好，怎么搞乡村旅游呢？今儿想和大家商量一下，大家都说说自己的看法。"

村委甲说："咱村的水田、旱田有一千多亩①，鸡、鸭、牛、羊有几千只，就是没见到有什么旅游资源，我看是没法搞旅游。"

村委乙说："按说咱村的小河是旅游资源，可是太小，旱季的时候像个水沟；村里的祠堂也有百十年光景了，可是也是太小，谁来看啊！"

村委丙说："理论上的旅游资源还是有一点的，但是，要是搞旅游恐怕还是吸引不了人，还是等于没有旅游资源啊。"

到底这个村有没有乡村旅游资源？能不能发展乡村旅游？村委会讨论了好久，还是拿不准主意，只好先休会，派人外出考察后再做商议。

导言

由于我国乡村旅游起步较晚，人们对乡村旅游资源的认识还很模糊。什么是乡村旅游资源？它有哪些基本种类？各种乡村旅游资源的含义是什么？乡村旅游资源有哪些特点、价值和作用？学习本章后，读者将对以上问题有一定的了解。

学习目标

正确理解乡村旅游资源的定义和范围；
理解乡村旅游资源的类型；
掌握各类乡村旅游资源的含义；
了解乡村旅游资源的特点。

---

① 亩为非法定单位，1 亩≈666.67 平方米。

第一节　乡村旅游资源的定义

一、旅游资源

旅游资源是指能吸引旅游者产生旅游动机，并可能被利用来开展观光、休闲、度假等旅游活动的各类自然、社会客体或其他因素的物质和非物质要素的总和。

应注意，不能从是否直接产生经济效益判断旅游资源的价值。旅游资源不一定都能产生直接经济效益，有些旅游资源可以直接被开发成旅游产品，产生直接的经济效益；有些旅游资源不能直接被开发为旅游产品，但是可以成为旅游产品的辅助因素，产生间接的经济效益。

案例

2019 年海南乡村旅游文化节在乐东开幕

我省新增 19 个椰级乡村旅游点

伴随着一曲动听悠扬的音乐，开场表演《全域旅游　山海"乡"约》让观众们眼前一亮，演员们穿着民族服饰，用生动的歌舞表演欢迎观众和游客。6 月 1 日，以"全域旅游　山海'乡'约"为主题的 2019 年（第七届）海南乡村旅游文化节在乐东黎族自治县正式开幕。开幕式上，文昌好圣航天农庄（好圣村）、海口连理枝渔家乐乡村旅游点（山尾头村）等 19 个新评定的三椰级以上乡村旅游点获得授牌。

本次授牌的 19 家新增椰级乡村旅游点代表为：五椰级 5 个，琼海博鳌镇沙美村、澄迈福丰约亭古镇乡村旅游点（大丰村）、澄迈侯臣咖啡文化村（侯臣村）、海口连理枝渔家乐乡村旅游点（山尾头村）、文昌好圣航天农庄（好圣村）；四椰级 6 个，白沙七坊镇"阿罗多甘"共享农庄、澄迈得一农耕社（红光农场 21 连）、澄迈红坎岭陶艺园乡村旅游点（昌堂村）、海口开心农场乡村旅游点（儒黄村）、琼中堑对村乡村旅游点（堑对村）、琼中黎母山学而山房乡村旅游点（黎母山森林公园）；三椰级 8 个，白沙邦溪镇芭蕉村、白沙农场二队、海口施茶火山石斛园乡村旅游点（施茶村）、海口石斛斌腾乡村旅游点（斌腾村）、海口烽火仁台乡村旅游点（仁台村）、文昌天赐美丽乡村（天赐村）、文昌红色加美乡村旅游点（加美村）、文昌大庙村吾乡乡村旅游点（大庙村）。

2014年,《海南省乡村旅游点(区)等级的划分与评定》(试行)正式实施,海南乡村旅游点(区)被划分为五个等级,从低到高依次为一椰级、二椰级、三椰级、四椰级、五椰级。

截至目前,海南省已评定椰级乡村旅游点106家。其中,五椰级18家,四椰级25家,三椰级26家,二椰级31家,一椰级6家。

据悉,为期4天的本届乡村旅游文化节将通过乐东旅游招商推介会、2019年(第七届)海南乡村旅游文化节开幕式、海南乡村旅游与休闲农业发展论坛、乡村旅游文化图片展、海南(乐东)旅游美食与商品展销会等十大活动,全面展示海南乡村旅游资源和文化特色,促进全域旅游发展。

(来源:南国都市报 2019-06-02 http://ngdsb.hinews.cn/html/2019/06/02/content_2_3.htm)

案例提示:乡村旅游资源内容非常丰富,无论是可见的物质性资源还是不可见的精神性资源,均可以在一定情况下,形成特色资源,进而作为旅游产品被开发出来。本例中,少数民族风情、芭蕉、知青文化等,作为特色乡村旅游资源得到了成功开发。

小思考

季节是旅游资源吗?

提示:是。季节是自然的节气变化,是人类和生物共享的,虽然不能直接成为旅游产品,但季节与一定的地理、人文、人类活动组合时,可以形成良好的旅游产品辅助因素,从而成为重要的旅游资源。

二、乡村旅游资源

乡村旅游资源是指乡村中能吸引旅游者进行观光、休闲、度假等旅游活动的各类自然和社会的物质和非物质要素。

乡村旅游资源是由复杂多样、相互联系、相互依存的各个自然和人文要素共同组成,从而产生特有的动态和静态之美。乡村旅游资源往往是以乡村自然环境为基础、乡村人文因素为主导的人类文化与自然环境紧密结合的乡村文化景观,是由物质和非物质要素共同组成的和谐的乡村地域复合体。因为乡村自然环境已经成为乡村生活的一部分,是"人化自然",而乡村人文因素对其审美价值有重要的影响。

3

小知识

人化自然

"人化自然"是马克思在《1844 经济学哲学手稿》中提出来的。从一般的意义上说，"人化自然"是指人们的实践活动引起实践中自然因素、自然关系的变化，这种变化就是自然的人化；从本质上来看，"人化自然"是"人的本质力量对象化"，是自然在人类的实践中不断地变为社会存在的结果。

案例

湖南安仁县立足乡村生态资源发展旅游

打造稻田公园　补上发展短板（走进美丽乡村）

最初许多老百姓对靠风景挣钱心存疑虑，现在大家纷纷对此点赞。稻田公园开园以来，已接待游客超过 1 000 万人次，为安仁县带来旅游收入近 25 亿元。

前些天虽然天气炎热，在湖南省郴州市安仁县永乐江镇新丰村，仍有不少游客前来游玩。一望无际的绿色稻田、五颜六色的花园果园、古朴典雅的徽式民居，组成一幅秀美的山水田园画。

新丰村藏在罗霄山脉的层层褶皱里，原本贫穷落后、环境较差，现在却风景如画，搭上了乡村旅游的快车。蝶变，是如何发生的？

稻田变公园，村庄换新颜

绕村而过的永乐江和大山一道，把新丰村环抱起来。山水之间，近 2 000 亩稻田连成一片绿海，两条笔直的村道交叉其间，呈"十"字形。从高空俯瞰，这幅美景巧妙地书写出一个巨大的"田"字。

过去村庄可没有这样的好景致。"五六年前，这上千亩水田还被割成许多小块，由几百户农家分别耕种。宽的宽、窄的窄，高的高、矮的矮，毫无美感可言。"在新丰村驻村 13 年的永乐江镇工作人员蔡春林回忆道，"以往村里垃圾随手扔，污水随意排，环境脏乱差。"

"辛辛苦苦种两季稻，每亩地一年纯收入才六七百块钱，不挣钱啊！"村里的老支书李善文说，"许多村民都出去打工了，水田以一年一亩 100 元钱的价格出租，都没人要，不少都撂荒了。"

稻田能变成生态湿地和美景吗？2012 年，安仁县重新审视该县的乡村旅游资源与乡村旅游发展短板，决定以新丰村等村庄为核心打造稻田公园，让乡村既产粮食又产风景，发展旅游带动脱贫。

打造稻田公园，一个最现实的问题摆在眼前：钱从哪里来？安仁县委、县政府将27个部门的4 000余万元涉农项目资金"打捆"使用，平整高低不一的土地，硬化、绿化6条村道，新建1.6万米高标准水渠。小块田变大块地，灌溉有新水渠，种稻实现了规模化，不再饱受缺水困扰。

在外经商多年的马焕文，见识比一般的村民更广些，听说村里要发展"美丽经济"，他敏锐地意识到这是一个难得的商机。马焕文回村成立了宝丰农业农民专业合作社，将新丰村2 000多亩稻田流转过来。

"无论是花海，还是稻田，都非常漂亮壮观，一定会吸引天南海北的游客。"马焕文说，"每年10月，在田里播撒油菜籽，第二年春天田地里就会开满黄灿灿的油菜花。花期过后再种水稻，到当年9月水稻就能成熟，金色的稻浪映衬着山水，观赏价值同样很高。"经过整治，新丰村脱胎换骨：稻田变公园，田埂变观光道路，普通建筑变美观民居；遍地的垃圾不见了，生活污水不再乱排，动物粪便难觅踪影。秀美的村庄，勾起人们对田园山水和农耕文化的向往。2014年3月稻田公园开园后，光是每年3月的油菜花节，就能吸引200多万名观赏者。

风景能卖钱，农民日子甜

"好风景能卖钱。"头脑活络的马焕文开起了村里第一家农家乐，旺季时一天要接待五六十桌客人。在榜样的带动下，勤劳的村民干劲十足，转身变成了经纪人、生意人、管理人。他们有的开农家乐，有的建起了草莓、葡萄、菊花、艾叶等生态产业基地，还有的出租四轮单车、卖土特产等。

2017年，新丰村两委换届选举，致富带头人马焕文当选为村主任。他承包的稻田，如今已成为省级农业龙头企业的生产基地。

如今，新丰村实现了"春赏油菜花、夏看映日荷、秋观金色稻、冬踏田园雪"。稻田公园被评为国家4A级景区，吸引力不断提高，名气越来越大，游客数量逐年增加。贫困户吃上了旅游饭，腰包鼓了起来。

69岁的贫困户何财生一家前几年遭遇重创。2015年，何财生的老伴在一场交通事故中伤了腿，不能走路。几个月后，老何又不慎从家里的二楼摔下去，腰部受了重伤。老两口不但干不了重活，还要治病吃药，花费不小。

考虑到他们的困难，村里将何财生家纳入建档立卡贫困户。曾当过兵、有50年党龄的老何，一心想乘着发展旅游的东风，早点摘掉贫困户的"帽子"。今年，他主动向村两委提出脱贫摘帽要求。

"我家11亩地都流转了，每亩每年租金700元。在稻田公园打扫卫生，每月工资500元。我还可以卖点土特产、小玩具，每年可以挣好几千块钱。细算一下，我肯定达到了国家脱贫标准！"老何拍着胸脯，信心满满。

游客云集，给贫困户杨秋华的生活也带来了转机。杨秋华有做当地名小吃"烫皮"的好手艺。每天下午，她都会在村口摆摊，向游客出售鲜美可口的柴火手工烫皮。"先用石磨磨出米浆，再用旺火蒸成薄薄一片米皮，加上辣椒酱、豆角等，卷成筒状，就可以吃了。"杨秋华说，"一个烫皮卖6元钱，最多的时候一天卖六七百元钱呢！家门口就能赚钱，如今的日子过得真是甜！"

2013年，新丰村居民人均纯收入三四千元钱，到2017年，人均纯收入已超过1万元。

（来源：人民日报2018-09-08 http://society.people.com.cn/n1/2018/0908/c1008-30280453.html）

案例提示：乡村旅游资源中，自然环境是基础，人文因素是主导。本案例中，安仁县新丰村充分利用了自然资源和人文资源，并以人文资源为主线，开发出了乡味浓郁的乡村旅游资源，使新丰村的乡村旅游走入了一个全新的发展格局。

三、关于乡村旅游资源的说明

1. 乡村旅游资源不适合按照抽象审美尺度进行判定

乡村旅游资源与民俗密切关联，不能简单地按照颜色、形状、比例、大小、质感等美学要求进行判定。有时单独看起来不符合美学要求的事物，被组合在民俗中，却变成了有独特美感的事物。

案例

醉美溪流，诗画杜家溪

一

杜家溪，一条隐藏在大山沟谷中的小溪，宛若来自古老洪荒的精灵，她发源于极富神韵的梅家界令牌山的深处。梅家界向北绵延的无数条山脊，错落有致，像神者的臂膀环抱着整个村庄。众多山涧沟壑涌动的泉水，汇聚成了源远流长的杜家溪。

杜家溪全长有8千米之多，溪谷最宽处达数百米，最窄处仅有三五米宽。旖旎的风景如溪水肆意流淌，原生态自然山水尽显神奇的魅影。

春来碧水透底，落花飘逸；

夏日浪花翻滚，清幽暗涌；

秋时绿肥水美，万类竞游；

冬季静谧恬然，疏影横斜。

无论四季怎样轮回，随时随地可见清泉石上流、绿树映繁花，感受鸟鸣山更幽的怡然醉美。

二

极富灵性的杜家溪，温驯穿梭于村落的每一处山脚，水依山而千曲百弯，山傍水而峰回路转。相濡以沫的山水，犹如歌曲"山不转那水在转，水不转那山在转"一般宛转悠扬，将山村男人的朴实厚道和山村女子的贤淑温情演绎得淋漓尽致。温情脉脉的杜家溪，一如大山的矜持灵秀，不带一点野性，也从未狂放不羁，处处流淌着如梦如幻的无边姿色。

正是这方富庶的山水，世世代代滋养着山村乡亲，村民们也将这片山水视作神灵虔诚侍奉，"爱出者爱返，福往者福来"，或许山水之神感念山村众生，才孕育出如此醉美山村——诗画杜家溪。

三

温文尔雅的杜家溪，当穿越了整个村庄到达村口，突然一下变了温顺的性情，像一匹脱缰的野马一路狂奔，时而在乱石穿空中飞溅，时而在深谷断崖中怒吼，时而在暗洞蜿蜒中呜咽。

狂野奔放的溪水，充分展示了大自然的鬼斧神工，造就了怪骨嶙峋的巨石——螃螃石，高险峻峭的峡谷——仰天崖，神秘莫测的泉洞——凉风洞，小鱼泉、鸡公泉、大鱼泉，深不见底的水潭——母猪塘、带路鬼塘。不仅如此，独一无二的自然环境更是孕育了珍稀名贵的动植物，诸如棘胸蛙、白鲢、红尾鳅、金丝楠木、南方红豆杉等特色物产，沿岸高大珍稀树木随处可见、奇花异草比比皆是。

四

杜家溪，桀骜不驯的秉性经过数千米酣畅淋漓的释放，终于在鱼泉口平静了下来；一头扎进了暗无天日的泉眼，只听得忽强忽弱嗡嗡的声响；俨然一个十足顽皮的孩子，疯狂之后一头倒在母亲的怀抱酣然入睡。泉眼旁边仅留下一条起伏不平的干河道，那是雨季洪水分流形成的偌大的通道。若不是两岸高耸的青山相对，恍若置身荒漠之中，洪水袭过流下的痕迹清晰可寻，形成了一波又一波沙丘、沙坡。

五

每当洪水退去，整个泄洪河道袒露无遗，到那里嬉戏玩耍，成了儿时最为深刻的记忆。在沙丘、沙坡上尽情翻滚，在千奇百怪的沙石中找寻自己钟爱的石头，一脚深一脚浅，尽管趔趄踩着滚烫的河沙，极尽所能捡了一堆又一堆石子，到头来却是"猴子掰玉米"，只因无法负重，拿回家的少之又少。

挑选各色小石子，在光滑的大石板上面写写画画，更不失为一大童趣，恐怕世上没有比这更简单原始的彩笔画板了吧。

一些尚未干涸的水塘，用河沙围住，令其一点点缩小。采摘一捆嫩绿的麻柳叶，在水塘边的石板上，掺和着细沙，用石头锤打它，直到将其完全捣烂，然后将其捧到水塘里，岩嵌里也绝对不能放过。水塘稍一会儿就能聚集不少肥美的鱼蟹。不过，麻柳的汁水却将双手染得橙黄，时过多日方能褪尽。

六

山里的孩子，打小就习惯了与山为伴、与水为舞，情有独钟于山水之乐。

渴了，随处捧一口清凉的山泉，哽得喉咙直打嗝。

饿了，随处采一把成熟的野果囫囵吞下，不在乎山珍美味，只在乎忘乎所以地玩乐。

累了，随处觅一席平整的石块，伸展四肢赤身仰躺，石头的热度透过皮肤酥软着疲惫的幼小身躯。深邃的蓝天透射出格外刺眼的亮光，乜着眼只见白云懒散地似动非动，眼睫一眨一息之间便渐入梦乡。那种地为席天为帘的睡意蒙眬，或许一生中不过一回两回尔耳，却十分惬意。即便醒来四肢僵硬发麻，背部满是石板嵌印留下的鲜红轮廓，小沙子总是那么嬉皮赖脸，实实贴贴地沉睡在一个个小肉窝中。拍拍沾满泥土的小手，揉一揉眨巴的双眼，慌忙着又投入自由的乐园，一天工夫往往在意犹未尽中一闪而过。

七

杜家溪有着独特的地理环境，小气候特征十分明显，时常呈现东边日出西边雨的盛景，山洞泉眼冬暖夏凉，深沟狭谷气温四时如春，就连盛夏时节的溪水也经常会出现一半温一半凉的怪异现象。

更为宝贵的却是，溪水所到之处均富含素有"空气维生素"之称的负氧离子，置身其中顿觉心旷神怡。杜家溪是休闲玩乐的理想胜地。

欢迎您光临人间福地——醉美杜家溪，享山水乐趣、饱美味佳肴、品桂花馔饮！

（来源：村村乐 2016-01-13 http://www.cuncunle.com/village-105-538506-article-9401452693709861-1.html）

案例提示：一条普通的小溪，单独看起来不符合高层次的审美要求，但是与民俗结合后，变得丰富多彩，形成了有独特美感的事物。

2. 一些重要的乡村旅游资源不以实物形式存在

行为和心理习惯、民俗民风、神奇传说等文化资源，大多不是实物资源，但是，在乡村旅游中，这些资源又往往有独特的魅力。

案例

传说尧帝出生处　晚春落英能遮云

伊祁山下桃花乡

河北省顺平县河口乡北李各庄村是太行山余麓伊祁山脚下不起眼的一个小村庄，红砖青石砌就的近 200 户农家院，取暖一般紧紧地拥在一起，一条铺过水泥的小路蜿蜒出去和外界通联。

北李各庄村是方圆几十里有名的花果乡。2001 年，村子所在的顺平县曾被国家林业局授予"中国桃乡"称号。而在顺平县，北李各庄村的桃子更是出了名儿的。

村子挨着伊祁山。据传，伊祁山是尧帝的出生地。驱车颠簸在山间的小路上，夹道桃林落英缤纷，遮去半边青天白云。

桃林安静地环绕伊祁山渐次铺开，在愈是接近山脚的地方愈是放慢了盛开的脚步，唯恐打扰了从寒冬苏醒过来的群山和村庄，悄悄提醒着春天到来的消息。花瓣如小家碧玉，嫩白的两腮透出一点殷红，一派天然可爱。

从伊祁山观花台往下望去，村庄与群山相依，桃树与村庄相生。山坡上下随着坡势起伏错落着一片片红色花浪，进山公路和乡间小路都被桃花遮掩。沿登山台阶拾级而上，仙娱台上，原本没有生命的岩峰在桃花的映衬下焕发出生命的力量；踏云石边，那棵古老桃树的龙钟枝头伸展出满树新花；尧母洞旁，美丽的桃花也为其原先幽深的意境平添了几分热烈。登顶伊祁山四望，线条弯曲流畅的桃林，一直伸展到目力所及之处。远处巍峨的太行山，更衬托出桃花的柔情似水。

倒春寒已过，农家院前栽种的几株垂柳早已抽过新芽，开始吐出柔软的白絮，而天空也更显澄澈，红白蓝绿，是这个小村庄的多彩时节。

52 岁的李秋生正在自家的桃林里精心为桃树授粉。他高高的个子，黝黑的脸上布满皱纹，就像端详自己的孩子一样打量着一株株桃树。他家里的 6 亩地全部种上了桃子，品种有春艳、京红、大久保等。"全赖了这几亩桃子，一年的收入能有 5 万元左右。"李秋生一边说，一边漾起了开心的笑容，脸上的皱纹褶得更深了。

村里的人很少外出打工。村民们心里都有自己的一笔账：种桃子的收入并不算低，在外闯荡除了吃苦受罪，还很难照顾到家里。

的确，桃子全身都是宝。成熟的桃子香甜多汁，销路不愁。上午把收购的桃子送到企业，下午就可以榨出新鲜的果汁来。将老桃树的枝干伐下做成桃木剑、桃木梳子、桃木手链等，能表达人们对吉祥、平安、长寿的向往和追求。桃木避邪的说法虽然没有什么科学依据，然而"居不可无桃"，从汉朝起就有用桃木做厌胜之具的风俗。村里人结婚的时候会把绑有红头绳的桃木枝放在新人床头，时间长达一年之久。

乡村生活难免单调，可是村里的人们并不寂寞。农忙时节，给桃树授粉、疏果、剪枝，以及摘桃、卖桃等，忙个不亦乐乎。农闲时节，唱唱戏、扭扭秧歌，甚至到田间地头转一转，都是他们的乐趣。胡同口，老人悠闲地坐在石头上随意聊着什么，一把泥巴就是孩子们的玩具，年轻人则有属于他们这个年龄的事情要忙，含羞的桃花，是他们浪漫故事的见证。走在村里，无时不让人感受到日常生活中所潜藏的美好。

桃树在当地落地生根已经30余年了。30多年来，县里的领导已经换了几届，不变的却是坚持林果产业发展的路子。看着遍地的桃林，不禁感叹，不废前人之功，才能成此气候。

（来源：人民日报2013-05-02 http://data.people.com.cn/rmrb/20130502/2）

案例提示："尧帝的出生地"是一个传说，不是实物资源。但是，恰当地运用开发，却让这个普通的小山村产生了独特的吸引力。

3. 一些不能直接产生经济效益的资源可能是重要的乡村旅游资源

有些资源在一般情况下，无法直接成为商品出售，如温度、空气、环境等，但是，这些资源却是非常关键的辅助资源，与其他乡村旅游资源相辅相成，成为旅游产品不可缺少的部分，是重要的乡村旅游资源。

案例

延安黄龙县：乡村美如画　民风更淳朴

诗意乡村美如画，沃野千里处处花。这是黄龙县各乡村的真实写照，随着美丽乡村建设的开展，黄龙县不仅风景迷人，乡村文化也是越来越丰富。不信，您看。

当记者来到三岔镇长石头村时，新建的村文化广场上，村民们正伴着音乐翩翩起舞，每个人脸上都洋溢着幸福的笑容。

黄龙县三岔镇长石头村村民白金兰说："你看现在的生活这么好，我什么负担也没有，我80多岁了还想再多活几十年。"

今年，三岔镇加大乡村文化建设，为所有村组硬化了道路，绿化了环境，还为每个村子建设了休闲广场，添置健身器械和音响设备，现在，全镇一村一支文艺队，好不热闹。

黄龙县三岔镇长石头村村民侯明福说："村民自觉地跳起广场舞，大家的心情好了，干活的积极性高了，家庭也和睦了。"

黄龙县三岔镇梁家山村村民贺雅丽说："跳舞既锻炼了身体，又促进了村民关系和谐。"

与此同时，三岔镇还把环境综合整治和乡村振兴相结合，借乡村文明之风，征集好的家训，建立文化长廊，真正让文明内化于心，外化于行。

（来源：延安广播电视台 2018-09-06 http://www.yananbtv.com/folder1/2018-09-06/8650.html）

案例提示：环境不是严格意义上的旅游商品，但是，其作为辅助性的资源，如果运用得当，会使整个区域的旅游资源增值，使区域中的所有旅游产品都有了更好的价值。本案例中，优美的环境和淳朴的民风，虽然不是直接作为旅游产品，但是却使整个乡村都有了旅游价值。

第二节　乡村旅游资源的分类

一、基本划分

乡村旅游资源分类的目的是为了对其进行有针对性的保护、利用和开发。其分类方法有很多种，按本身的属性，乡村旅游资源可分为乡村自然旅游资源和乡村人文旅游资源两大类，这两大类中又包括十个基本类型，十个基本类型又包括若干种资源类型，如表1-1所示。

表1-1　乡村旅游资源分类一览表

乡村旅游资源									
乡村自然旅游资源				乡村人文旅游资源					
天象气候	水	地质	生物	村落	田园	农业	文物	民俗	商品
空气 气象 温度 季节 节气 天象	泉 溪 河 瀑 湖 海 湿地	山 丘 沟谷 平原 洞穴 岩石	植物 动物 微生物	民居 自然村 小镇	田野 牧场 林场 渔场	种植业 林业 畜牧业 渔业 副业	遗址 遗迹	民间节庆 乡民生活 民间艺术 民间工艺 民间习俗	乡村美食 纪念品 特色商品

乡村旅游资源是乡村自然旅游资源和乡村人文旅游资源相互作用而形成的一种具有特殊空间概念、特殊产业活动、特殊乡村居民生活习性的旅游资源。精确的分类一般不允许有概念交叉，但是作为应用性的乡村旅游资源，无法对其进行严格的分类。因此，对乡村旅游资源的分类存在一定的交叉，但是从实践应用的角度看，是比较实用的。

二、乡村自然旅游资源

乡村自然旅游资源是自然界天然赋存的、能使人们产生美感从而为乡村旅游业发展所利用并可产生效益的自然环境或物象相互组合而成的自然环境、物质或非物质的资源等。

乡村自然旅游资源是乡村旅游的基础资源，需要与乡村人文旅游资源相融合，才能形成较好的乡村旅游产品，主要包括天象气候、水、地质、生物四个基本类型。

三、乡村人文旅游资源

乡村人文旅游资源是古今人类在适应、改造大自然以求得生存和发展的生产劳动、生活活动以及其他社会活动过程中，创造的可以为发展乡村旅游业所利用的物质财富与精神财富。乡村人文旅游资源是由人类社会、经济、文化和历史等多种因素相互作用形成的，它以其特有的历史、文化、艺术魅力向人们传播知识，给人以各种美的享受或为人们的乡村旅游活动提供便利和舒适的服务。

乡村人文旅游资源是乡村旅游的核心资源，是形成乡村旅游产品的主要资源，主要包括村落、田园、农业、文物、民俗、商品六个基本类型。

☆ **学习活动 1**

乡村旅游资源研讨

活动目标：结合实际，充分认知和理解乡村旅游资源。

活动时间：约 180 分钟。

活动步骤：

步骤 1：3～5 位同学组成研讨小组；

步骤 2：每位同学根据自己的直接或间接经验，列出十种以上的乡村旅游资源；

步骤 3：研讨小组内部进行研讨交流，确定每一类资源的种类；

步骤 4：按照本书列出的种类，梳理资源，并汇总成文，提交一篇研讨报告。

活动提示：

注意按照本书介绍的乡村旅游资源种类进行研讨和鉴别；

注意容易被忽视的乡村旅游资源。

第三节 乡村旅游资源的特点

乡村旅游资源的特点主要有全域性、乡土性和原真性等。

一、全域性

由于乡村旅游以乡村生活为对象，因此，在特定的乡村区域内，几乎所有的自然和人文资源都可以成为乡村旅游资源。

案例

海南琼海：田园城市升级啦

2013年4月18日，本报报道了海南省琼海市不砍树、不拆房，就地城镇化，建设田园城市的先进经验。3年之后，记者再次来到琼海，发现这里的变化让人惊叹：全市就是一个大景区，处处是景观、村村是景点；13个有历史记忆、有地域特征、有民族特色的美丽小镇散落其中；家园与景区水乳交融，升级版的田园城市越发妩媚动人。

把全市作为一个5A级景区来打造

提起海南旅游，很多人首先想到的是三亚。不过，近年来琼海市却在旅游大潮中风生水起，吸引了越来越多的游客。

"因为这里处处是景，城在园中，村在景中，人在画中！"这是游客们到琼海后的共同感受。

2014年，围绕"田园城市，幸福琼海"的发展目标，琼海提出了"全域5A级景区"的理念：依托其优越的自然、生态条件，以景区理念规划整个区域，以景点要求建设每个镇村，把全市打造成"山水如画、人间仙境"的全域大景区。

琼海市委书记符宣朝说："简单来说就是不设围墙、没有边界、不收门票，主客共享、居旅相宜，全域是景区、镇镇是景观、村村是景点、人人是导游。"

琼海有机整合山、水、田、林、城、镇、村以及文化、历史、风情等，提升各类资源的旅游特性和功能，放大旅游效应。转眼间，5A级景区里的基础设施修到了各个村镇，村里不仅有了停车场和详细的引导标识，还有精致的景观小品点缀其间。

龙寿洋等瓜果飘香的田园，成了城里人休闲的景区；博鳌镇上质朴的琼北民居成了特色乡村旅舍；北仍村里的农家草寮成了文艺范儿的咖啡屋；大路镇的土特产成了赶集文化上的旅游产品……琼海这个充满田园气息的"大景区"，2015年接待游客860.2万人次，增长20%；旅游总收入49.8亿元，增长50%。

既是幸福家园也是休闲乐园

在推进全域旅游过程中，琼海把特色产业小镇和美丽乡村建设作为重要载体，坚持以"不砍树、不占田、不拆房，就地城镇化"为原则，不改变传统的生活空间，按照"一镇一特色，一镇一风情，一镇一产业"的要求，建成了各具特色、各具产业支撑的特色小镇。

博鳌天堂小镇，以休闲度假旅游产业为主，透露着琼海人的纯朴与宁静；万泉水乡小镇，以木雕和美食等产业著称，古朴自然恍若仙景；中原南洋小镇，侨乡文化与苍劲的雨树、东南亚风情建筑相互衬托……

这些风情小镇即是一个景区，成为展现琼海本土文化的窗口。大批游客的到来推动了当地特色产业的发展，农民也分享到了发展全域旅游的成果，笑容写在脸上，幸福发自内心。

会山是海南最大的苗族人口聚居区，长期封闭落后。2015年琼海市委、市政府投入1 000万元建设苗族风情小镇，成立了苗绣产业园，搭建起非物质文化传承平台，并把旅游业引到山区苗寨，拓宽了村民脱贫致富的路子。"田园＋旅游"带动当地100多名富余劳动力解决就业问题，"田园＋商品"带动了苗绣产业和苗家乐的发展，越来越多的村民在家门口吃起"旅游饭"。2015年会山镇96户378人脱贫成功，乡村美了，农民的腰包也鼓了。

既是出行之路也是小康之路

如何把琼海市最美的景点、最美的公园、最美的庄园连为一体？琼海通过建设500千米长的绿道网络，把全域1 710平方千米13个镇（区）2 756个自然村作为一个大景区连接起来。

这些绿道主要有木栈道、沥青路、水泥通畅路三种，大部分是沿用原有公路加以旅游化改造。沿线的旅游标识系统、旅游咨询服务站点等设施都已逐步完善，成为生产、生活、生态、旅游共享的基础设施。

一条条绿道将城市、小镇和村庄连成一体，使城乡的边界越来越模糊、城乡的生活品质越来越接近、城乡百姓的幸福指数越来越提升。实现了主客共享、居旅相宜，让居民、农民和游客各得其所、各得其乐，农业和旅游业融合发展。

村庄美了，产业强了，渐渐把年轻人又吸引回空心化的农村，仅潭门镇，近两年返乡就业就有11 000多人。

长坡镇黄号村的大学毕业生李会革，被家乡日新月异的变化吸引，决定回家创业。他利用互联网，将本地的椰子鸡、土鸡蛋等特色农产品销往全国各地，年销售额500多万元。

看到家乡万泉镇的发展变化，去年9月还在嘉积城区帮别人卖茶叶的王春喜，毅然回到家乡，租用邻居家80平方米的房屋开起了茶店。随着游客的增多，王春喜家的日子也越过越红火。

如今，"全域5A级景区"已成为琼海农村转型发展和农民脱贫致富的有效载体，实现了就地城镇化的目标。符宣朝说："我们的特色小镇、农业公园、绿道系统都是为百姓打造的。给百姓造好了家园，农村有了活力，也就给游客造好了乐园。"

（来源：光明日报 2016-03-22 http://epaper.gmw.cn/gmrb/html/2016-03/22/nw.D110000gmrb_20160322_5-01.htm）

案例提示：把整个琼海市作为"5A级景区"，打造一个巨型的田园综合体，将整个琼海的城市和乡村都田园化、诗意化，建设成为一个独具特色的生活区域，这就是全域旅游的魅力。琼海市的实践，充分地利用同时也展示了乡村旅游资源全域性的特点。

小思考

只有观赏性的资源才能成为旅游资源，对吗？

提示：错。除了观赏性的资源可以成为观光旅游的资源，其他能够成为休闲、度假等消费对象的资源，也可以成为旅游资源。

二、乡土性

乡村旅游资源总是在特定地域内形成或发端、生长或流行，并长期积淀发酵，带有浓厚的民间和地方色彩。

案例

塘栖"老刀"的乡土情怀 土得掉渣才是老底子味道

"家乡阿婆用土灶烤出来的鲜肉榨菜月饼，就是月饼中的'天王炸'。"

"早上有本土摄影老师在微信朋友圈中发渔舟过斗篱的图片，很美！我刚刚也拍到了！"

"白云乡里禾苗青，我梦同年在秋里。"

……

再有十来天就是中秋了，塘栖"老刀"的土灶月饼已经热卖了。

老刀食品在杭州小有名气，在塘栖和主城区都有多家分店，专卖老底子的枇杷梗、大麻饼等传统糕点。

每一种糕点背后都有自己的故事。"老刀"，本名叫沈建标，是土生土长的塘栖人，一个爱家乡爱得深沉的人。翻看他的朋友圈，看到的都是他对家乡的爱。

对老刀来说，拍家乡美照和卖传统糕点是一样的，那都是他的乡村情结。

"土得掉渣"的月饼　老底子的手工和土灶

老刀食品公司有三个分厂，都在杭州余杭塘栖镇，其中一间在塘栖镇河西埭村。我们到的时候，厂里的工人正好在做土灶月饼。

几位阿姨先在面粉中间倒上油，用手搅拌摊成面团，再从大面团上拽下一点一点的小面团，将每个小面团摊薄，并在里面裹上不同的馅。这个馅料十分丰富，有近十个品种，百果、椒盐、火腿、紫薯、南瓜、芋艿……

裹上馅料之后，有一道只有纯手工做的月饼才有的工序——贴"屁股"纸。其实，是不把面团的封口捏死，而是在封口处贴上一张小方纸，"这是老底子的做法，不封死口的月饼不会烤得太实太硬，贴一张纸，馅料不会在烤的过程中漏出来。"老沈介绍。

贴好纸以后，一大盘半成品月饼就能拿去烤了，烤月饼用的还是土灶。"这可是几十年历史的老灶了。"老沈指着灶头，一脸得意，这是他"土灶月饼"的特色之一。

"我们的土灶月饼有三'土'：一是馅料'土'，老底子的口味，乡土特产、五谷杂粮；二是工艺'土'，从制作配料到摊皮包馅等，全部是手工做；三是烘烤'土'，用的是老底子的土灶，而不是用电用气。"老沈拿着月饼一脸喜色地介绍，"我们家的土灶月饼很松脆，吃起来皮会往下掉，跟大家小时候吃的月饼一样，吃的时候一定要用手接牢，所以是'土得掉渣''土到家了'"。

"土灶月饼"是有故事的月饼，从小在塘栖长大的老沈说，以前乡村比较穷，只能做土饼来代替月饼。村民就地取材，以番薯、南瓜等作主料，自己烘烤，久而久之就成了塘栖独特的风味月饼，每家的口味还不太一样。"中秋节还是蛐蛐叫的时节，我们小时候斗蛐蛐，赢了的人就能吃到对方家里做的月饼了。"老沈回忆说。后来，村里条件好了，大家开始吃广式月饼了，土灶月饼曾经消失了很长一段时间。这几年，老沈又把这种传统月饼发掘了出来，没想到一下子又红火了。

卖的是传统糕点　做的是传承文化

老刀食品是百年老字号，"除了土灶月饼，老刀食品的每种糕点其实都有故事，七八十个产品就有七八十个故事。"老沈说，每一个故事背后都蕴含着当地的风土人情，承载着记忆里那份舌尖上的味道。

"比如说粽子，塘栖的粽子有自己的特色，和人的一生密切相关，人们谈恋爱的时候要吃雌雄粽，生小孩的时候要吃囡囡粽，孩子上学的时候要吃状元粽，所以，我们把这三种粽子组合而成'粽三代'。"老沈说。不同的时节有不同的文化，就有不同底蕴的产品。比如，端午节有粽子，中秋节有月饼，重阳节有五谷重阳糕。塘栖的重阳糕有九层，中间五层是五谷杂粮做的，上、下两层是糯米做的，表面撒有红绿丝，还插有红旗。这是为什么呢？因为重阳节要登高，但是塘栖没什么山，以前到了重阳节，出嫁的女儿就要做这个九九重阳糕，带回来给父亲吃，寓意登高望远插红旗，方方正正的糕饼还蕴意做人要堂堂正正。

还有老刀食品的拳头产品"大麻饼"，老底子其实叫"劳动饼"，因为塘栖有个打鸟湾，很久以前人们以打鸟为生，"劳动饼"是那时女人给男人做的出去干活时吃的干粮。"劳动饼"后来又叫作"三角饼"，大家在穷困时买不起一张饼，可以将其一分为四，买其中的一块"三角饼"。

"卖的是糕点，品的是文化，做的是传承。"老沈说，这是老刀食品的经营理念。"我当初恢复老刀食品生产的初衷就没想过要卖糕点赢利，而是想把塘栖的文化植入糕点中，以糕点为载体，传播塘栖乃至余杭的江南水乡传统文化。"

每天在朋友圈晒塘栖　这是老沈的乡村情结

老沈传播塘栖的文化，并不局限于糕点中。翻看老沈的朋友圈，他几乎每天都要自己拍照发一张家乡美图。

三年多了，无论酷暑寒冬、刮风下雨，这个习惯基本未间断。甚至有一天老沈生病发烧39℃，还不忘发朋友圈。

老沈在朋友圈晒得最多的便是家门口的丁山湖和塘超小径的照片。这条10千米的小径是余杭区美丽乡村建设中的一大亮点，而它的建设就来源于老沈几年前的建议。他说，老百姓很实在，如果村里有一条有河有景的路能在饭后走走，就足够了。

令人欣喜的是，老沈的建议被采纳了，规划路线也是老沈自己走出来后提供给相关部门参考的。如今塘超小径已然成了当地老百姓茶余饭后的散步之地，也是外来游客慕名而来的一个景点。

采访那天，记者与穿着红鞋的老沈一起走了走塘超小径，惊讶地发现这里甚至有点茅家埠的味道。"朋友圈里老有人问我这是不是西湖边"，老沈告诉记者，"有时感觉画面单调，就让红鞋出镜"，红鞋是他拍照的道具之一。

除了塘超小径的建设，塘栖镇每年举办的年味节、开运节等传统民俗文化活动，也是老沈最先提议举办的，他也每次都会到现场为家乡服务。

老沈笑称自己是塘栖镇上的"泥腿子"报道员，这些年，经由他联系宣传报道的家乡新闻已经数不胜数了。"我喜欢做这个，最想做的就是传播家乡的传统历史文化。"

"儿时尝过，就不曾忘记。"这是老刀食品的一句广告语，其实也承载着老沈的乡村情结。老沈这大半辈子都不曾离开过自己的家乡，"我舍不得离开这里，这里有我熟悉的人和物，还有太多儿时的回忆。"

据老沈透露，老刀食品目前正在筹建一个名为"塘栖梦工厂"的工厂。这个工厂主要用于：一是展示塘栖的糕点文化，包括历史上的文字记载，以及老底子做糕点的器具等实物的展示；二是体验，无论是学生还是带着小孩的游客，都可以自己动手做糕点，还可以带回家；三是观光工厂，从土材料到纯手工，糕点制作的整个过程全部看得到。"就是希望家乡的美食和文化能让更多的人知道，这是我作为塘栖人的自豪。"

（来源：钱江晚报 2018-09-12 http://qjwb.zjol.com.cn/html/2018-09/12/content_ 3694762.htm?div=2）

案例提示：具有民间和地方色彩是乡村旅游资源的特点，也是乡村旅游具有独特魅力的重要因素。塘栖老刀食品的土灶月饼之所以有市场吸引力，是由于其具有浓郁的乡土气息。

小思考

有地方色彩的，倒容易成为世界的？

提示：地方色彩往往是一个地区、一个民族、一个国家的特色、精华和骄傲。越是具有独特、鲜明的地方色彩，往往越能吸引世界人民的广泛关注。

三、原真性

乡村旅游资源是与乡村古朴的生活方式相关联的，没有或很少受城市文化的影响，与城市旅游资源相比，其具有更原真的自然气息和更古朴的乡村生活气息。

案例

美丽乡村游，走过身边的诗与田野

随着内蒙古"十个全覆盖"的推进，越来越多的农家记忆开始被复原，白墙

灰瓦，矮墙大院，门口大红灯笼高高挂，院里老玉米无声地摇摆着。乡村游采风团出发的第一站就是这样一个原乡村落——哈沙图村。

伊金霍洛旗全面推进"全域旅游"过程中，将乡村旅游的发展与全旗旅游发展进行同步整合，逐步发展乡村旅游产业经济。哈沙图村四社作为发展中的示范村，经过政府与村民的大力合作，被打造为人文气息和景观体验的乡村旅游特色村和文创艺术主题村。行走在哈沙图村中，优美的景观、独特的民风民俗、干净整洁的栈道、错落有致的树木、清澈见底的河水，每一处、每一景无不彰显着乡村旅游的新风貌。

去小木屋品杯清茶、去农家乐采摘垂钓、去大院品尝纯绿色的健康美味，这里既是伊金霍洛旗乡村旅游原真艺术的聚集区，也是返璞归真的一片纯净乐园。

午饭过后，我们顺着新修的乡村公路走进伊金霍洛旗札萨克镇查干柴达木村，就如同回到了记忆中的童年，这里既有儿时村庄的温暖，也有现代化乡村的气息，在建的院落与油绿的庄稼相映成趣。清风吹来，一阵熟悉的乡土气息扑面而来，眼前是一副原真的生活场景，我愿意就此沉醉。

伴着落日的余晖，一路田野，一路欢笑，我们抵达今天的最后一站——巴图湾。

萨拉乌苏旅游区由萨拉乌苏文化遗址和巴图湾组成。萨拉乌苏沙漠大峡谷位于乌审旗无定河大沟湾，由经历风雨剥蚀山洪冲刷而成的8大沟湾组成，是目前中国最大的沙漠大峡谷，是罕见的旱地自然奇观。大峡谷千姿百态，自然天成。第一眼看到萨拉乌苏河的我，是目瞪口呆的。万顷黄沙之下，萦绕着一湾深蓝色的河水，美丽的萨拉乌苏河九曲盘转、迂回涤荡，在地层松散的毛乌素沙漠上，冲刷出一条宽阔幽深的U形河谷，两岸植物繁茂，郁郁葱葱。沿途的几个沟湾，水清见底，岸边的柳树根茎通红的生长在水中。我站在岸边，看着池鱼飞鸟，好想做一朵自由的云。

夕阳缓缓落下，结束了一天行程的我们，在萨拉乌苏酒店落脚，享用了一顿地道蒙古风味的晚餐。钻出蒙古包的时候，夜色怡人，满天星光，巴图湾一片静谧，只能看到不远处的无定河在月色下泛着粼粼波光。美丽乡村游，醉美在这充满诗意的田野里。

（来源：内蒙古旅游网 2016-07-29 http://www.nmglyw.com/news/html/2016/tiyan_0729/28887.html）

案例提示：是什么使乡村游采风团成员在哈沙图村、查干柴达木村、巴图湾等乡村中沉醉？是这里的景观、景物、场景、氛围等，勾起了他们对淳朴原真的乡村生活诗一般的联想！乡村旅游资源往往带有原真性，这是它能激发人们对淳朴乡村生活的向往，并使其沉浸在乡愁中的基本原因。

小思考

真的就是美的？

提示：真的即使在形式上不一定美，也会有深沉的内在美。

本章小结

本章对乡村旅游资源进行了定义及说明，并对其进行了系统的分类，在此基础上，对乡村旅游资源的特点进行了介绍。

主要术语

乡村旅游资源　乡村自然旅游资源　乡村人文旅游资源

自测题

1. 什么是乡村旅游资源？其可分为哪两类？
2. 什么是乡村自然旅游资源？其主要包括哪些基本的类型？
3. 什么是乡村人文旅游资源？其主要包括哪些基本的类型？
4. 乡村旅游资源的特点有哪些？

第二章　乡村自然旅游资源开发与利用

📖 情境

村委会召开会议，商量发展乡村旅游的事情。

村主任说："今儿个想和大家商量一下搞乡村旅游的事情，大家说说咱村的自然环境有哪些能开发？"

村委甲说："咱村的自然环境也没啥啊，就山上、河边的空气好点，我们能开发空气给人家看吗？"

村委乙说："咱村春天的山花开了很好看啊！秋天还总有流星雨……这都算是旅游资源吧？"

村委丙说："春夏秋冬、风霜雪雨、日出日落……其实都可以是旅游资源啊。"

村主任说："这自然环境资源说起来还真是不少，我们还是请专门的人来讲讲吧！"

📄 导言

乡村有丰富的自然旅游资源。各种类型乡村自然旅游资源分别包括哪些具体的资源？乡村自然旅游资源有哪些特点、价值和作用？怎样进行开发和利用？其开发和利用的对象选择要点、目标、原则和方法分别有哪些？学习本章后，读者将对以上问题有一定的了解。

🎯 学习目标

正确理解各种类型乡村自然旅游资源分别包括的具体资源；

了解乡村自然旅游资源的特点；

理解乡村自然旅游资源的价值和作用；

掌握乡村自然旅游资源开发和利用的对象选择要点、目标、原则和方法。

第一节　乡村自然旅游资源的类型

乡村一般远离城市的喧嚣，拥有良好的气候环境、生态气息和自然景观等资源优势。

一、天象气候资源

气候是各种天气过程的综合表现。气候资源是乡村自然旅游的优势资源之一，包括空气、气象、温度、季节、节气、天象等。

1. 空气

广袤的乡村，有着更为优质的空气环境，清新、洁净的空气是乡村优于城市的重要资源。利用乡村新鲜的空气，可开发出氧吧、田园呼吸场、乡村绿道等一系列旅游产品。

案例

重庆市评选出 10 个"最美森林氧吧" 这里是市民洗肺胜地

城市里待久了，想不想去森林氧吧畅快地呼吸一下？今日（2015 年 11 月 16 日），历时两个多月的"最美森林氧吧"活动，遴选推荐产生了首批 10 个重庆市"最美森林氧吧"和 10 个重庆市"最美森林氧吧"提名单位，并举行了授牌仪式。这 20 个"氧吧"涵盖森林公园、湿地公园、自然保护区以及风景区等。周末快带上家人，去拥抱大自然吧！

网友票选专家把关 为市民寻找"最美森林氧吧"

据了解，为加快推进林业生态建设和保护，努力增强林业在生态文明建设中的生态服务和文化引领功能，在重庆市林业局指导下，重庆市生态文化协会、重庆市市林学会发起，市林业科学研究院具体组织开展了此次寻找重庆市"最美森林氧吧"活动。旨在向社会公众推荐富含负离子、清新的空气且适宜休憩、游览、健身、度假、疗养的"最美森林氧吧"，以顺应现代都市人群回归自然、寻求精神家园的潮流和趋势。

活动启动后，全市共有 34 个区县 45 家单位进行了申报。其中森林公园 17 个、湿地公园 3 个、林场 12 个、自然保护区 2 个、风景名胜区 7 个、其他 4 个。

活动组委会邀请有关专家从地理人文、自然资源、管理服务水平、生态产业以及空气质量等方面对各申报单位进行了全面、综合的分析评价。专家经严格审核评选，投票推荐了 25 个单位入围重庆市"最美森林氧吧"公示名单。

结合网络投票统计和专家评审，最终遴选推荐了 10 个重庆市"最美森林氧吧"和 10 个重庆市"最美森林氧吧"提名单位。

获选地森林密、空气好 引导人们体验森林之美

其中，彭水县摩围山景区、涪陵武陵山国家森林公园、酉阳桃花源国家森林公园、黔江国家森林公园、万盛黑山谷景区、武隆县（今武隆区）火炉镇万峰村、綦江古剑山森林公园、开县汉丰湖国家湿地公园、江津大圆洞国家森林公园、巫溪红池坝国家森林公园10家单位获得重庆市"最美森林氧吧"称号。

中国亢谷风景区、秀湖国家湿地公园、石柱黄水国家森林公园、南岸区南山林场、秀山大溪国家湿地公园、梁平东山国家森林公园、丰都南天湖市级自然保护区、铜梁区双碾林场、丰都世坪森林公园、玉峰山森林公园10家单位获得重庆市"最美森林氧吧"提名。其共同的特点是森林植被茂密、自然景观秀丽、生物多样性丰富、负氧离子浓度高、空气洁净清新，具有较高的社会知名度，是重庆市重要的森林生态休憩、康养胜地。

"重庆森林除了有非常好的空气，还是一所认识自然的学校，以及观察和思考生命的最佳场所。如何引导人们去全面体验森林之美、物种之美，还是一个严肃而迫切的课题。"寻找重庆市"最美森林氧吧"活动评委会主任委员、重庆市作家协会副主席李元胜表示，本次遴选推荐活动，正是一个有益的尝试。

（来源：华龙网 2015-11-16 http://cq.cqnews.net/html/2015/11/16/content_35773684.htm）

案例提示： 最普通的空气资源，与乡村的特殊环境结合后，也可以成为高质量的旅游资源。本案例中，重庆市就是利用乡村的独特环境，依托高质量的空气资源，打造出批量的"最美森林氧吧"。

2. 气象

气象的变化非常丰富，冰、霜、雨、雪、台风、雾气、云海等，都会使自然环境像诗一样美丽。乡村不仅有广大的空间，而且有更为原真的自然环境，其气象变化也富有诗意。

案例

九步云海奇观　乡村旅游新景

云雾升腾，峰峦、梯田和土楼都若隐若现，宛如人间仙境。歙县摄影家协会会长汪钧和会员方四清在安徽省黄山市歙县璜田乡六联村九步庄组拍摄了一组层峦叠嶂的云海照片，画面非常壮观。

据悉，九步庄组位于海拔600米以上高山，村中也多为土楼群建筑，夏日清晨的云海、日出与连片的梯田茶园相互交织，各种色彩互相融合，是一处不可多得的摄影点，吸引不少摄友前来采风观光。

今年以来，当地政府提出了"观梯田云海，重走大寨路"的乡村旅游发展思路，利用前期修复的 3.5 千米的"蜈蚣岭至九步庄"大寨路，将"红色旅游"与传承和发扬"艰苦奋斗、勇于拼搏"的大寨精神相结合。目前当地政府正积极谋划在九步庄组建设云海观景台和旅游接待中心，让当地村民们能够享受"旅游＋"带来的红利，助力乡村振兴。

（来源：歙县人民政府 2018-07-11 http://www.ahshx.gov.cn/News/show/6157398.html）

案例提示： 云雾缭绕于峰峦、梯田和土楼之间，便形成了云霞缱绻、美若仙境的奇观。只要将当地气候特征和地形地貌结合，对气象资源进行科学合理的开发利用，气象就会成为助力乡村旅游发展的上乘资源。

3. 温度

热带、温带、寒带有不同的温度特点，由于对人的适宜性不同，形成了不同的资源。避暑胜地、避寒胜地都可以形成不同的旅游热点。

案例

昭平：田园绿意凉　乡村避暑"热"

"带孩子来观光采摘葡萄，再到世外田园景区避避暑，昭平这样的地方很难得。"8 月 30 日，带着家人从广东佛山自驾游昭平的李先生，在黄姚镇枧盘村葡萄园做了"农耕体验"后，感觉很爽。

连日来，昭平县世外田园景区、桂江生态旅游区、大脑山茶园生态旅游区等乡村旅游景区景点迎来不少避暑客。据统计，1—7 月，该县接待游客 228.6 万人次，同比增长 24.8%，实现旅游收入 21.86 亿元，同比增长 26.7%。

昭平县森林覆盖率在全区数一数二，气候清凉，近年把乡村旅游与休闲农业、景区开发、新农村建设有机结合起来，全面构筑集生态观光农业、餐饮娱乐、休闲度假为一体的多模式、多层次乡村旅游产品体系。该县每年依托特色农业举办茶王节、杨梅节等农事节庆活动，使乡村旅游带动了农村发展、农业增效和农民增收。

（来源：广西新闻网 – 广西日报 2014-09-05 http://news.gxnews.com.cn/staticpages/20140905/newgx5408ea7f-11103027.shtml）

案例提示： 利用乡村的气温环境等气候资源打造"休闲避暑的后花园"。

4. 季节

春、夏、秋、冬四季的变化给人们带来不同的感受，江南春晓、北国冰封等都会形成独特的季节景观，对旅游市场具有很大的吸引力。

中国最美乡村平利开启春季旅游新模式

春天在哪里？如果说3月的春天，在武大的樱花里，在婺源的油菜花里，在江南的十里烟波里，那么4月的春天，一定在最美乡村安康平利。平利县位于陕西南部秦巴山区，是个山区小城。这里是人文始祖女娲的故里，这里是"中国最美乡村"！

2018年4月14日，由中共平利县委、平利县人民政府主办，中共平利县委宣传部、平利县文广旅游局承办的中国最美乡村——平利2018茶之旅文化旅游节，在平利县龙头旅游村正式拉开帷幕。踏入平利龙头旅游村，迎接来客的是龙头村民间唢呐锣鼓艺术团队演奏曲牌——女娲山迎宾曲，这是地道的民俗演艺，你会看到淳朴至真的笑容，绽放在他们幸福的脸上。舞龙舞狮队在道路最前面舞动行进，将宾客们迎进活动广场。

开幕式上，安康市旅游局局长曹辉表示，中国最美乡村2018——平利2018茶之旅文化旅游节是安康"春来早"旅游推介活动重要的组成部分，也是充分展示安康文化旅游的重要平台。平利要以此次活动为契机，积极构建"旅游+"产业体系，努力通过旅游推动生态建设和产业提升，让乡村群众通过发展乡村旅游分享红利，让城市居民通过旅游共享乡村的好山好水，真正使绿水青山变为金山银山，让全市人民从旅游业发展中获益。

平利县龙头村位于古仙湖景区，距县城东南5千米。清清的冲水河环村缠绕，行如游龙，新建的村落是清一色的徽派农舍建筑，白墙黑瓦马头墙，在阳光下是那样的迷人。

春种秋收，农耕文明在这里获得了完美的传承，古朴的村民用汗水和勤劳，展示着朴素、真实的茶乡风情。他们用一个春天的时光来打磨一捧好茶，茶早已深入到每一个农人的基因中。由当地茶农自行创作、演出的陕南茶乡原生态民歌情景剧《茶乡情韵》，是对茶文化和农耕文明传承与创新的演绎。整个演出融合了当地民歌、采茶、制茶等民俗场景，109名茶农以茶园为"舞台"，真实地展现出当地茶农们朴素、真实的风情。

四月美丽的平利桃花溪，草长莺飞，静水清流，如一幅水墨丹青的清凉图画。四面青山宛如翠屏，潺潺流水，清澈明净；古木苍荫，攀藤附葛；怪石嶙峋，形态各异；奇花异草，野趣丛生。

品尝质朴的农家饭菜，享受绿水青山的田园风情，感受真挚朴实的民俗文化。中国最美乡村平利是这个春季旅游的新亮点。

（来源：搜狐号 镜观陕西 2018-04-16 https://www.sohu.com/a/228354513_100036714?spm=smpc.author.fd-d.80.1581857661449CD3uM3e）

案例提示：利用春季乡村的季节资源，打造季节旅游产品。

5. 节气

节气是我国独有的民俗文化，2016年，"二十四节气"被正式列入联合国教科文组织人类非物质文化遗产代表作名录。"二十四节气"关乎历法、天文、气象、物候与节令，延展到生活中，事关农历节日、农耕时序、民俗活动、民间宜忌等。在我国，节气很早就成为旅游资源，著名的"清明上河图"记录了清明时的旅游情景，"清明""重阳""端午""中秋"等都是离不开时令安排的传统民俗活动节日，都可以形成不同形式的旅游活动。

案例

古县二十四节气旅游节　走出乡村振兴新路径

"立春阳气转，雨水沿河边……芒种开了铲，夏至不着棉……"在乡土气息浓郁的茅草棚前，一身书生打扮的亓沐博手捧竹简，和其他9名同样来自永乐希望小学4年级、穿着同样装束的同学，一起吟诵着《二十四节气歌》。稚嫩的童声和着舒缓的古筝曲，二十四节气浅显而丰富的意蕴被娓娓道来。

6月6日，芒种节气。绿水青山二十四节气·时节如流美丽古县——芒种祈福尧峪村开幕式在古县永乐乡尧峪村举行。

仲夏五月的尧峪村，满山苍翠，溪流潺潺。慕名而来的人们，或观赏富有节气元素的文艺节目，或体味包粽子、绣香包的民俗之乐，或品鉴"敬授民时"彩绘文化墙，或品尝地方特色节气饮食，抑或体验传统农事活动乐趣，在山水间感受着千年历法和农耕文化的博大精深。

4000多年前，尧定都平阳（今临汾）。据《尚书·尧典》记载，尧为了发展农业，命"羲和四人编制历法"，开启了中国独有的具有二十四节气的阴阳历。秦汉年间，二十四节气完全确立。2016年11月30日，中国"二十四节气"被正式列入联合国教科文组织人类非物质文化遗产代表作名录。可以说，二十四节气的划定是我国古代天文和气候科学的伟大成就。2000多年来，它在安排和指导农业生产过程中发挥了重大的作用。芒种芒种，连收带种。作为二十四节气中的第九个节气，芒种的字面意思为"有芒的麦子快收，有芒的稻子可种"。芒种至夏至的这半个月，是秋熟作物播种、移栽、苗期管理的关键时期，也意味着全面进入夏收、夏种、夏管的"三夏"大忙高潮。芒种即"忙种"。在尧峪河畔，村里开辟的 1 亩多的农事体验基地，被划分成了栽种西红柿、茄子、辣椒、大葱以及玉米、红薯等蔬菜和农作物的不同区域，永乐乡经管站站长杨振文正指导来此体验的游客如何耕作。

为期 10 天的"芒种祈福尧峪村"活动，以前所未有的曝光量将世人目光聚焦在了这个 440 口人的小山村。

尧峪村其名因尧之所居之地而来。相传帝尧看望长子丹朱，途经这里，见此地土壤肥沃、气候适宜、降雨充沛，农业生产有着得天独厚的优势，便用其随身携带的粟（小米）教导当地群众进行种植，因而粟的种植流传至今。市政协文史研究员蔺长旺在其新近撰写的《古县尧店尧峪与帝尧的渊源》一文中，则从学术研究的角度出发，引经据典，从帝喾后裔唐尧部落自黄淮西迁曾途经岳阳尧店、尧寓（尧峪），考古证明岳阳尧店一带确有唐尧时期的文化遗存，岳阳尧店与吴家岭一带之地形似乎适合天文观测三个方面，探究了帝尧、"二十四节令"与古县的渊源。

对于这些，今年 74 岁的鲁寿业老人打小就听老一辈人讲过，因而有一种与生俱来的荣耀感，以至于一听说"芒种祈福尧峪村"要在村里举办，他就把家里收集到的瓦罐、炕桌、柳篮、石斧、火石等老物件搬到了开幕式现场。"在这里搞乡村旅游，就是在宣传我们尧峪，我当然坚决支持！"摆弄着眼前厚实拙朴的老物件，鲁寿业老人一边绘声绘色地介绍，一边试图还原农耕时代的劳作场景。

文化搭台、经济唱戏，乡村旅游节在唤起人们旧时记忆的同时，已成为永乐乡展示特色产品的窗口。在鲁寿业老人的老物件展示桌对面，该乡出产的"乐土"牌系列农特产品格外显眼，松蘑、羊肚菌、核桃、玉米面、高粱面、小米、黑小米、红豆、绿豆、赤焰椒、剪饼、土蜂蜜、蜂花粉……种类繁多且绿色无污染成为其吸引游客的一大卖点。而在另一侧，来自毛儿庄村的村民冯兴禄热情地介绍着面前中药材的药性。白芍、远志、地黄、黄芩、连翘、丹参、柴胡……据说，这些中药材都是村里"益农合作社"的产品，其种类之多令不少游客啧啧称奇。

永乐乡乡长贺神建介绍，该乡大力发展乡村特色游，实施乡村振兴战略，今年以来先后举办了"惊蛰永乐煎饼节""春分金寨桃花会"等乡村文化旅游节活动。这些活动坚持政府主导、社会参与的运作模式，通过系列体验活动，在展示永乐乡的风土人情、提高农业的附加值、助推项目建设的同时，意在把乡村文化旅游节打造成一个促进全乡经济社会事业发展的机制性平台，对外宣传永乐、推介永乐，提高知名度，提升美誉度，增强吸引力；对内实现文化、旅游、商贸等产业的融合，推进永乐经济社会各项事业赶超进位、跨越发展。

据县文化和旅游局局长刘广亮介绍，二十四节气文化旅游节是古县在脱贫攻坚时期专门提出的一项文化活动，依托当地独特的自然资源和特色产业，以乡里乡亲大联欢品牌文化活动为载体，找准文化与经济的交汇点，将乡村文化资源优势转化为经济优势。实践证明，一个包括"吃、住、行、游、购、娱"，融合自然风光、田园风光、村落民宅、农事民俗、特色餐饮等元素的乡村旅游扶贫产业风生水起，拉长了旅游产业链条，"特色农林牧副产品逐渐成为游客们争相购买的伴手礼，农民增收、农村脱贫的新路越走越宽。"据了解，2018 年该县先后举办了 13 个节气的乡村文化旅游节，今年截至目前则已经举办了 9 个。

尧文化研究学者、著名作家乔忠延认为，尧店、尧峪是古县打通与尧关联的地理资源。当地研究打造二十四节气旅游品牌，对传承中华民族是一个很大的贡献。以二十四节气搞旅游，是抓住了弘扬优秀传统文化这个亮点。蔺长旺在文章中评价认为，古县将传统的二十四节气与乡村振兴相结合，通过整合山水文化、传统文化、红色文化，以此来推动乡村振兴的发展战略，"无疑是古县人民在新时代的创新之举"。

不可否认，"二十四节气"系列文化旅游活动的相继举办，极大地激活了蕴藏在古县广大乡村的文化旅游资源，成为实施乡村振兴战略、促进城乡融合发展的有力抓手，也成为实现县域经济转型发展的"突破口"。近年来，古县县委、县政府围绕"擦亮一张名片，做强两大产业，推进三城联创，办好四件大事"的工作重点，提出了"1234"发展战略。前不久，县委书记庞明明在接受本报记者专访时曾表示，就古县而言，首先要擦亮"天下第一牡丹"这张独有的名片。作为典型的煤炭资源型山区县，古县不能长期吃"资源饭"、在煤焦产业上"打转转"，更不能沉浸于往日的辉煌之中。立足古县实际，跳出煤炭资源，发展非煤产业，最应考虑的就是有一定基础的文旅产业。长远之策，是要利用古县丰富的文化旅游资源发展全域旅游，以"赏千年牡丹、讲相如故事、扬太岳文化"为主线，充分挖掘蕴含其中的牡丹文化、相如文化、红色文化，利用好二十四节气文化旅游活动打造精品旅游线路，主动融入全省旅游发展大战略，下好"先手棋"、打好"主动仗"，让旅游产业真正成为县域经济增长的绿色"新引擎"。

（来源：临汾新闻网 2019-06-12 http://www.lfxww.com/gx/2610597.html）

案例提示：节气既是气候变化的节点，又往往是节日，积淀了丰富的民俗，从"清明踏青""中秋赏月"到"重阳登高"，表现了特定的民俗习惯，是文化内涵极为丰富的资源。本案例中，利用了二十四节气期间乡村的独特资源，举办了系列旅游活动，是利用节气资源打造乡村旅游产品的很好案例。

6. 天象

太阳出没、行星运动、日月变化、彗星、流星、流星雨、陨星、日食、月食、极光、新星、超新星、月掩星、太阳黑子等，都是自然界存在的天象旅游资源，其中很多可以被开发成为独特的旅游资源。

案例

海岛夕阳无限好　一起来海南看日落

无论是出生于海南的岛民，还是到海南旅游的游客，许多人对于海南的夕阳都情有独钟。人们喜欢落日隐入地平线时的那份从容与平静，也喜欢落日余晖下的每一处风景。日落时分上演的美妙演出中，藏匿着人们对时间更迭的眷恋，对自然之美的敬畏，或许还有对一座城市的日久生情。

海南有哪些不可错过的夕阳美景呢？一起来看看！

浪漫海湾　夕阳对大海的情意

在海南想要观赏最美日落，那么龙沐湾可能是你的首选之地。这个被称为中国最美的落日海滩，位于海南乐东黎族自治县境内。傍晚时分，落霞染红天际，红得瑰丽无比，满天的云彩也被落日染红，倒映在海面上，海水荡漾，跳跃着金光点点，红蓝交错间，恍如宝石阵群。当云层散尽，落日快接近海面时，四周的光线都暗淡下来，唯有那落日依旧红得炫目……将其称之为"最美的落日"，并无半点夸张。

东方市的鱼鳞洲同龙沐湾一样颇有名气，这里的灯塔是海南著名的灯塔之一。在这里观赏日落，能体验到奇礁异石的色彩斑斓，日落、海滩、灯塔构成了鱼鳞洲一副独特的天然画卷。

要说人气，自然少不了三亚湾。这里椰树成林，二十里长的滨海大道依湾绵延，西行延伸至天涯湾。日落时分，红霞满天，金色的余晖从椰树的叶缝中洒下，便成了地上斑驳的剪影，风动、树动、影动，漫步在这样的画面中，惬意无比。

当落日遇上爱情，浪漫也会加倍。在天涯海角看日落，"天涯"背后是霞光的交织，那一瞬间充满了神圣感，这一切仿佛是为见证人们的爱情誓言而造。

琼海潭门渔港夕阳或许最有"海的味道"。大大小小的渔船停靠在港口，鳞次栉比，戴着斗笠穿着胶鞋的渔民忙碌着，黝黑的肤色是大海给的印记，小镇建筑中随处可见船舵、船桨、贝壳等多种海洋元素的装饰，让人能处处感受到海韵渔味。一边赏日落，一边品海鲜，妙哉！

登高远眺　时间更迭中的自然之美

你体验过在山上看"海上日落"吗？如果没有，那么呀诺达热带雨林文化旅游区可以满足你的心愿。天高水远，夕阳犹灿。傍晚时分，走出热带雨林，夕阳洒下的金黄光芒使山脚下大片的椰林树影婆娑，风情万种。呀诺达的瓦爱鲁观景台拥有观赏日落的好视角，伫立在这里，视野中不仅有农田、水库，还可眺望海棠湾、蜈支洲岛和南湾猴岛，甚至连三亚亚特兰蒂斯、红树林度假酒店等建筑都清晰可见。随着时间慢慢流逝，蛋黄般的太阳逐渐落到山下、沉入海平面下……夜幕降临，露营在虫鸣啾啾的雨林中，仰望着满天繁星，不禁感叹，在时间的无情更迭中，至少自然不曾亏待我们。

牙胡梯田被誉为海南"最美梯田"，位于五指山市毛阳镇牙胡村委会。牙胡梯田约1 100多亩，呈五指螺纹状，从山脚盘绕到山腰，层层叠叠，高低错落。日落时，柔和的夕阳轻抚千亩梯田，水光潋滟，倒映着归家的农夫身影，一幅极美的田园山水画卷展现在眼前。站在梯田的最高处放眼望去，只感觉到脚下层层叠叠的梯田如潮水般涨起，形成一个张扬着力与美的梯田世界，整齐划一的梯田在夕阳余晖中，变幻着光影，无不体现出人类与大自然的和谐之美。

城市追光　日久生情的市井气息

都说海边日落很美，却不知道在城市看日落也别有一番风趣。

此前，一则在海口世纪大桥拍摄的晚霞满天的短视频在社交媒体被疯转，傍晚时分的海口湾异常美丽。作为海口的标志性建筑之一，世纪大桥是赏日落的绝佳地点。世纪大桥位于海甸溪入海口，海面上船来船往，桥面上汽车疾驰，眼前是缓缓落下的夕阳，一动一静，这样的浪漫何处去寻？世纪大桥周边也有很多观看夕阳的好地点，比如世纪大桥外滩中心、海甸岛碧海大道等。

海口钟楼为海口八景之一，已成为海口最重要的标志性与象征性建筑物之一。虽然随着社会变迁，钟楼周围逐渐失去它往日的繁华，周边高层建筑越来越多，已经看不到夕阳落入水平线的那一刻。但在匆忙的路途中若遇上日落，那也是极美的：余晖把钟楼的影子拉得好长，归来的渔船已泊岸，行色匆匆的人们奔向家的方向……如此具有市井气息的落日景象，需要用心感受。

你如果行驶在海秀快速路上又恰好偶遇夕阳，一定不想停下。海秀快速路东起海口市国兴大道西段，西至海口火车站，你如果傍晚时分向西行驶，就能看到前方的"咸蛋黄"，它随着你前进的方向不断移动，慢慢下沉，刹那间让你有种在"追日"的感觉。待晚霞染遍天上的云，人们便会幻想让时间就此停留……

（来源：海南日报2018-10-24 http://hnrb.hinews.cn/html/2018-10-24/content_14_1.htm）

案例提示：气象资源丰富多样，海南作为海岛更是气象万千。仅仅一个夕阳景观，就衍生出落日海滩、海上落日、椰林落日、渔村落日、钟楼落日等数个有海南特色的景观。只要开发得当，这些都会成为表现海岛特色的、上乘的乡村旅游资源。

二、水资源

水是各类水体的总称。水资源也是乡村旅游中的优势资源之一，包括泉、溪、河、瀑、湖、海、湿地等。

1. 泉

泉是在一定的地形、地质和水文地质条件的结合下产生的地下水在地表的天然流出，是地下含水层或含水通道呈点状涌出的现象。泉可分为温泉、冷泉、矿泉、观赏泉等，各类泉均可形成不同的旅游产品，如鞍山的汤岗子温泉、杭州虎跑泉、海南火山岩矿泉、云南大理蝴蝶泉等。

案例

一眼泉激活乡村游

磨嘴子神泉山庄位于甘肃省武威市凉州区古城镇小河村。

走进山庄，杨树包围着的鱼塘规划有序，池子里一条条自由嬉戏的虹鳟鱼、金鳟鱼犹如舞动的彩练，活跃着一塘绿水。院落中间仿古式接待中心飞檐翘角，后院小桥流水、亭台楼榭、山水相映，美景如画。

前来观光旅游的杨德告诉记者：每隔一段时间，便带着全家人到这里体验乡村生活，品尝绿色环保的农家菜，都和老板成了知心朋友，不时地提些发展乡村旅游的好建议。

说话间，一盘盘滑爽劲道的沙米粉、外酥里嫩的烤草鱼、香气四溢的虹鳟鱼米汤、五颜六色的杂粮"大丰收"端上了桌。服务员穿着整洁、面带微笑、举止得体，杨德和家人放下手中的扑克牌准备开吃。

"夏天来的时候，站在长长的木制回廊上，能清楚听见四周蛐蛐儿热闹的叫声，打心眼里会生出一种对故乡的亲切感。"从上海来武威探亲的杨凡告诉记者，去年夏天她就在朋友介绍下来过这里。杨凡是一位白领，每天穿梭在钢筋混凝土的大城市楼群里，常常感到身心疲惫，来老家体验原生态的农家生活是她和朋友们释压、亲近故乡最好的方式。

磨嘴子神泉山庄是由武威市利昇农林渔有限责任公司投资建设的，总经理李松林告诉记者，近年来，城市居民的休闲式消费需求，让他眼睛亮了、视野宽了。这里水资源十分充沛，天然泉水日流量达400多立方米，山庄利用天然泉水，以养殖虹鳟鱼、金鳟鱼、鲟鱼为重点做足了鱼文章，建成神泉卧龙厅、鳟鱼池、神泉文化艺术长廊等景点。围绕"鳟鱼宴"系列特色菜，采用野菜、自产有机蔬菜、土鸡、土羊等食材，形成了独具特色的露天休闲饮食文化，建成了舌尖上的"山庄"，市内外游客常常慕名而来，流连忘返。

李松林说："山庄于2017年新建运营，高峰期日可接待游客500多人。池内一年培育鱼苗1.25万千克，供应市区多家水产店、超市和酒店。去年一个夏天营业额达60万元，全年营业额达100万元，年纯收入30万元。解决了周边农户30多人就业。"

"靠山吃山、靠水吃水，历来都是农耕之本。"尝到休闲农业甜头的李松林说，经过一年多精心经营，神泉山庄已经发展成集养殖、垂钓、餐饮、观光、休闲、度假、娱乐为一体的乡村休闲度假胜地。磨嘴子神泉山庄现已被评为国家2A级旅游景区、全国休闲渔业示范基地、全国精品休闲渔业示范基地、甘肃省休闲农业示范点。

（来源：武威日报2018-03-01 http://wwrb.gansudaily.com.cn/system/2018/03/01/016916440.shtml）

案例提示：以"泉"为主要资源，深入挖掘，延伸出了养殖、垂钓、餐饮、观光、休闲、度假、娱乐等产业链，形成了乡村旅游产品体系。

2. 溪

溪是比河流窄、水流速度变化多端的自然淡水水流。一般来说窄于5米的水流被称为溪流，宽于5米的水流被称为河流。通常溪流都是在河流的上游和山谷一带，多为湍流和不平坦的形态。溪流往往是绝佳的戏水资源，以其为资源可开发出花样繁多的旅游产品。

案例

安康有个桃花溪，三生三世十里桃溪，还有段凄美的爱情传说

有着中国最美乡村之称的安康市平利县，无处不景，其无处不有的潺潺溪水，满眼皆绿的丘岗，远古神话的浸润积淀，造就了许多深藏的秘境。2017年9月初，桃花溪景区正式开园，揭开神秘的面纱。

桃花溪景区藏在安康大巴山深处，驱车离平利县城15千米，绕过古仙湖，便进入广佛镇太平河崇山峻岭的一个溪谷中。

漫游溪谷内，步移景异，奇花竞相开放，异果挂满枝头，飞瀑隆隆，怪石嶙峋，两侧山峰刀削斧劈，山、水、林、石相互交融，俨然是一座天然动植物资源"基因库"，风光极为秀丽独特。游走在这里，不仅可以尽赏"风于林中动，虫在石间鸣，山出叠翠色，甘泉润琴声"的美景，还可以体验自然之幽绝奇险，感受

山谷中的野趣盎然！

桃花溪还有一段凄美的爱情故事流传民间，相传故事发生在宋元年间，柳生为一方百姓安宁，挺身而出，力斗邪恶；桃花克难追寻，感动天地，逢凶化吉。有仙官传旨：桃花柳生，凡姻仙缘，天作之合，王母恩准，并授予桃花为桃花仙子，执管瓮溪泉水，为蟠桃寿宴琼浆之酿；柳生授予种桃仙官，护育八百年成熟的蟠桃，为寿果之冠。并在花前月下，赐予"凤巢、凰巢"，花好月圆，相伴永远！从此以后两人隐居山林，灵附凤凰，形影不离，育桃护泉，执守天命。打那时起，动人的爱情传说，让人们从此唤出了"桃花溪"之名。

来到平利不仅可以游桃花溪，游山玩水，还可以在龙头村体验白墙灰瓦的徽派民居住宿，品尝农家乐融汇南北风味的安康特色美食；在长安女娲茶镇，可以在仿古建筑群和翠绿茶山、茶园之间，呼吸着茶香弥漫的新鲜空气，体验采茶、制茶的过程，品尝新鲜的茶汤……生活在城市中，与其每天面对着重复的工作、枯燥的生活、复杂的人际关系而蹉跎岁月，不如挑个好时机来平利放松精神，享受这里的生态美景。

（来源：新浪网 2018-08-10 http://k.sina.com.cn/article_6454106700_180b1da4c0 01009n0c.html）

案例提示：以"桃花溪"为主要资源，利用传说故事和相关有影响的电视剧，赋予乡村旅游产品更多美丽的内涵。

3. 河

河是指陆地表面有 5 米以上宽度、稳定的、成线形的自动流动的水体（规模较大的称为"江"）。河流已经成为公认的重要旅游资源，可以其为资源开发出"垂钓""漂流""泛舟"等众多旅游产品。

案例

余庆扮靓七彩仙峰河　助推乡村旅游大发展

仙峰河景区是余庆县着力打造的乡村旅游风景区。近年来，余庆县以"建设大交通，构建大旅游，实现大发展"为主基调，充分利用旅游资源，以及道瓮高速过境的有利优势，以全市旅游发展大会为契机，立足资源，突出特色，多措并举扮靓龙家镇美丽仙峰河，切实加快旅游发展步伐，助推乡村旅游发展。

一是对景区实施美化、亮化。邀请专家对景区的美化、亮化工程进行规划设计，着手建设景区大门、吉祥龟，提升景区档次。目前已在停车场内栽植了150

棵紫薇树，河道边栽植了80余棵果树，种植了900多平方米花草，雕刻了约200多平方米九龙壁；完成了景区内房屋、草坪、停车场、树木景观灯的安装，流光溢彩的七色灯光把景区的夜景装扮得非常美丽。

二是加快基础设施建设步伐。年初以来，切实加快了景区基础设施建设进度。在3个月内硬化完成了3条6千米长的景区公路，完成了5 000多平方米的停车场、娱乐场地的硬化，安装了长150米的人行道板，1 000余米的下水道，完成了游客接待中心的建设，为游客提供了吃、住、玩为一体的好去处。

三是实施景区产业规划。积极向上级林业部门争取到了700万元的仙峰河石漠化治理项目；对景区范围内的山地规划种植李子、桃子、板栗、金银花等经果林；对田地规划喷灌农业，种植生态绿色蔬菜，配套养殖项目；开展订单认购熟饲料猪和生态无饲料鸡蛋的生产，为游客提供特色旅游农产品。

四是开展民俗活动宣传推介景区。为更好地把地方民俗文化融合到乡村旅游之中，打造龙家文化旅游新亮点，展现龙家独特的民俗文化风情，以文化推动旅游产业发展，龙家镇已在七彩仙峰河景区举办"粽情端午系列民俗文化活动""龙之家民俗文化艺术选拔赛"。接下来将在9月举办"第一届龙之家乡村文化旅游节"，围绕"仙峰沐浴""结亲体验""唢呐吹奏""漂流冲浪""吃新（米）节""赏民俗表演""摄美丽仙峰"等系列活动推介景区，提升乡村旅游的名气。

（来源：遵义文明网 余庆县文明办 2013-06-19 http://zy.wenming.cn/xcxx/201306/t20130619_692954.shtml）

案例提示：以"仙峰河"为主要资源，通过扮靓龙家镇美丽仙峰河，美化整合，整体营造乡村旅游氛围，打造乡村旅游特色景区。

4. 瀑

瀑是指水从高山陡直地流下来的水体，远看好像挂着的白布，故称瀑布（规模较小、依山体坡度不规则跌落的水体又称之为"叠水"）。瀑布是一种壮美的景观，往往给人以"疑是银河落九天"的想象。凡瀑布资源，几乎都可以被开发成为很好的旅游产品。

案例

乱石滩现瀑布奇观

7月18日，记者在阆中市枣碧乡青河村乱石滩电站大坝看到，该处出现了近200米宽的瀑布奇观，引来不少游人在此观赏拍摄、嬉水游玩。据了解，乱石滩瀑布落差在10米以上，气势如虹，成为阆中市乡村旅游又一景点。

据枣碧乡党委书记敬中恒介绍，乱石滩电站所在的河叫白溪濠，发源于剑阁县白龙镇的白龙江，途经阆中枣碧乡，最后注入嘉陵江。由于夏季降水量大，每年的7—9月，在乱石滩就会出现瀑布景观，持续时间为3个月。目前，该乡已经开发了竹筏、漂流等游乐体验项目，当地农民创办10多家农家乐增收致富。

（来源：南充日报 2017-07-19 http://ncrb.cnncw.cn/shtml/ncrb/20170719/51002.shtml）

案例提示：利用"乱石滩瀑布"的独特吸引力，可以开发出优质的乡村旅游产品。

5. 湖

四面都有陆地包围的水域称为湖。湖泊大多都会形成一个环境优美的区域，适于开发多种类型的休闲、度假旅游产品。

案例

青海湖景区环湖乡村旅游发展取得显著成效

近年来，青海湖景区管理局紧紧围绕省委、省政府对青海湖实施"四个统一"的战略部署，贯彻落实关于支持环青海湖乡村旅游发展的有关要求，深入推进群众路线教育实践活动，以科学发展观为指导，以建设"富裕、文明、和谐青海湖"为统领，正确处理景区发展与带动乡村旅游发展的关系，景地共建，景群共建，把扶持发展环湖乡村旅游与建设社会主义新乡村新牧区、拓宽农牧民增收渠道、增加农牧民收入有机结合，与地方政府齐心协力，加大引导和投入力度，不断改善乡村旅游基础设施，丰富乡村旅游产品，优化乡村旅游环境，以青海湖南岸为重点的特色乡村旅游带逐步形成并呈现出蓬勃发展的势头，成为青海湖旅游新亮点。

规划先导，为规范发展乡村旅游奠定基础

青海湖景区管理局联合海南藏族自治州和海北藏族自治州政府编制了《青海湖景区乡村旅游发展与控制规划》（以下简称《规划》），以"科学规划、合理布局、突出特色"为引领，把整体发展与局部突破相结合，景区建设与新乡村新牧区相结合，引导环湖群众在符合相关法律法规和景区发展规划的前提下积极参与景区旅游业建设，达到促进就业、增加群众收入的目的，提出力争到2020年将环湖乡村旅游建成"全省特色乡村旅游示范带"和"农牧民增收致富样板工程"的目标。同时，将环湖乡村旅游建设纳入了《青海湖风景名胜区五片区控制性详细规划》当中，鼓励和带动当地群众参与景区旅游经营活动。结合《规划》，制定了《青海湖景区乡村旅游扶持项目建设管理暂行办法》和年度《青海湖景区乡村旅游扶持方案》。这些规划与方案的制定，为青海湖景区乡村旅游发展奠定了基础。

宣传引领，营造乡村旅游发展的良好氛围

为确保《规划》顺利实施，使景地共建发展乡村旅游深入人心，两年来，青海湖景区管理局抽调人员组成多个专门工作组，利用多种机会，采取多种方式，将《规划》和景区发展的有关政策编印成藏汉文手册，并通过座谈、调研等方式深入环湖3个县9个乡镇16个村进行系统宣传，得到了地方各级政府和群众的积极响应，使发展乡村旅游的思想认识趋于统一，其积极性和主动性也明显被调动起来，工作的配合力度也不断加大。《规划》逐步得到落实。按照"政府引导、协会管理、群众参与"的原则，鼓励并支持环湖10个重点村成立了乡村旅游协会，充分发挥协会的管理和带动作用，积极引导群众建设乡村旅游项目，参与旅游服务，奠定了良好的群众基础。将环湖乡村旅游纳入青海湖景区整体宣传营销体系中，为其制作专门宣传册，在青海湖旅游资讯网中开设专题板块，统一策划编排旅游线路，与景区实现资源共享、客源共享、线路共享，推动了环湖乡村旅游快速健康发展。

多措并举，全力扶持环湖乡村旅游发展

自2012年开始，青海湖景区管理局每年从景区门票收入中提取10%～15%的专项资金，全面扶持环湖乡村旅游发展。两年来，青海湖景区管理局累计投入1 642万元，对积极性高、条件比较成熟的环湖27个乡村旅游点进行扶持，重点解决乡村旅游点道路、供电、给排水、停车场、环卫设施、标示标牌、风貌改造等基础设施项目，购置帐篷和自行车等设施以开展经营，并扶持其成立乡村旅游协会，以开展和引导服务、业务考察和培训管理等工作。这些项目的实施，有力地改善了发展乡村旅游的基础条件，优化了旅游环境，丰富了旅游产品，推动了环湖乡村旅游发展。按照"重点突出、示范带动、持续发展"的原则，今后青海湖景区管理局将把环湖乡村旅游的扶持政策长期坚持下去。

重视培训，全面提高从业人员素质

两年来，在不断完善硬件设施的基础上，为提高乡村旅游经营人员和从业人员素质，青海湖景区管理局多次组织环湖三县旅游部门、重点乡镇、重点村负责人考察学习青海省黄南藏族自治州和互助土族自治县乡村旅游发展情况，组织环湖乡村旅游从业人员150人次开展业务培训，邀请有关专家讲授乡村旅游经营与管理、礼仪道德、餐饮住宿服务与管理等业务知识。通过考察培训，大家熟悉了政策，开阔了眼界，拓宽了思路，掌握了业务技能，进一步激发了大家对发展乡村旅游的积极性，对规范开展乡村旅游经营与管理起到重要的推动作用。

通过近两年的扶持发展，目前青海湖环湖地区已发展乡村旅游经营户达115

家，从业人员约 410 人，仅今年游客接待量达 27.5 万人次，实现旅游综合收入4 500 万元，获得了较好的社会效益与经济效益。环湖 109 国道、环湖西路沿线重点村社直接或间接参与乡村旅游的牧户占到近三成，群众借湖靠湖发展乡村旅游的积极性高涨，呈现出良好的发展势头和发展潜力。今后，青海湖景区管理局将与环湖地方政府通力合作，进一步加大扶持力度，做好环湖乡村旅游发展的引导、规范、巩固、提高工作，努力将青海湖乡村旅游打造成青海省特色乡村旅游示范带和农牧民增收致富的样板工程。

（来源：青海新闻网 2013-11-28 http://www.qhnews.com/newscenter/system/2013/11/28/011245463.shtml）

案例提示：以"青海湖"为主要资源，利用其知名度，大规模打造环湖乡村旅游特色景区。

6. 海

海是指与大洋相连接的大面积咸水区域，即大洋的边缘部分。亲水是人类的共性，世界六大旅游区都是在海边。海是优质旅游资源，可以提供良好的度假休闲资源。

案例

海口乡村民宿旅游：吃在渔家　住在渔村　体验渔乐

7 月 17 日下午，"发现美好新海南"——2017 年互联网+城市推介大型主题采访活动媒体团记者来到海口市演丰镇，看到这些主题民宿时，为这里的"傍着"红树林而建的民宿的美丽"画卷"所着迷，走进两家乡村特色民宿，亲身体味了来自演丰镇美丽乡村最淳朴的人间烟火，领略了演丰镇独特的自然风光、别样的民俗风情，感受临海而居的渔民美宿。

这里的连理枝渔家乐民宿得到了媒体团的青睐。一走进这里，只见院落里墙角边，一花一木、一砖一瓦，每一个细节都蕴藏着主人的文化情怀。连理枝渔家乐民宿位于演丰镇山尾头村，主人黄先生是这里土生土长的村民。

"从小在农村长大的孩子，都有着很深的乡土情怀，这也是我们做民宿的初衷。"据黄先生介绍，连理枝渔家乐民宿旨在打造"吃在渔家，住在渔村，体验渔乐"的特色民宿，以"农户+合作社"的模式经营。目前，连理枝渔家乐民宿拥有约 10 间客房，内置红木家具，配套 3 间海景房，让游客可以面朝大海、亲近红树林。此外，该民宿还配备海鲜餐厅、农家乐等。

演丰镇的民宿从外形设计到内部装修、装饰相对其他省市的民宿来说较为简单,但却非常用心,茅草的外形、火山石的立柱等都体现了当地的特色和情怀,而不仅仅是炒作民宿的概念,同时民宿还有完善的配套设施。这里的游客除了单纯的住宿外,还能观赏红树林的美景,体验当地的悠闲生活,非常适合度假休闲。

据了解,这里的连理枝渔家乐、椰棕山居等民宿作为演丰镇整合民宿资源的新成果,是演丰镇委、镇政府推进美丽乡村建设、加快乡村旅游业发展的一大亮点。

(来源:内蒙古新闻网 2017-07-17 http://china.nmgnews.com.cn/system/2017/07/17/012374244.shtml)

案例提示:以独特的红树林滨海资源为主要旅游资源,打造海南特色的乡村旅游度假区。

7. 湿地

湿地是指天然或人工形成的,永久性或暂时性的沼泽地、泥炭地等带有静止或流动水体的成片浅水区,以及水深在 6 米以下的水域。在现代旅游发展中,湿地成为越来越受欢迎的旅游资源。由于湿地对生态环境具有强大的修复能力,故其往往成为优质环境的代名词。乡村旅游有开发湿地的卓越条件,因此,湿地成为乡村旅游开发不可忽视的重要资源。

案例

营山清水湖打造国内乡村湿地旅游景观样板

7月27日至28日上午,中共四川省第十届委员会第八次全体会议在成都举行,审议通过了《中共四川省委关于推进绿色发展建设美丽四川的决定》,会议提出要增强全民绿色发展理念,倡导全川人民加入共建共享绿色美丽四川的行动中来。

7月26日,四川新闻网"童画绿色四川"大型新媒体行动正式启动,小朋友纷纷拿起画笔,画出他们自己眼中的绿色美丽家乡。

近日,我们收到了一幅名为《漂亮的营山清水湖》的画作,作品来自南充少年宫一年级学生李沁茹。她用自己的画笔描绘了美丽而幽静的清水湖,湖边秀美的山峦正如一位美丽娴静的少女,独守着这一弯沁人心脾的湖水。

清水湖,是四川省南充市营山县境内的一个国家湿地公园建设项目。该项目位于营山清水、福源、青山 3 个乡境内,距县城 10 千米,是营山城镇饮用水源地。

根据资料,清水湖景区内岛屿港湾众多,湖面开阔,湖心岛、半岛密布,湿地类型多样,野生动植物资源丰富,人文气息浓郁,具有很高的生态水源保护和开发利用价值。

由于清水湖对营山县乃至南充地区的水源安全和生态安全有着十分重要的战略意义，2011 年，为了充分展现南充市生态之美，满足广大市民旅游休闲需求，南充市举行了"十佳湿地"授牌仪式，营山清水湖湿地被授予南充"十佳湿地"之一。

为了有效保护这一珍贵的湿地资源，维护区域生态安全，促进湿地保护事业的发展，2013 年 2 月，中共营山县委、县政府顺时应势，做出了建设清水湖国家湿地公园的决定，委托国家林业局西北林业调查规划设计院进行总体规划。

营山县旅游局相关责任人介绍，清水湖湿地公园项目于 2013 年 12 月获得国家林业局批准试点，2015 年 10 月加入长江湿地保护网络，并获得专项补助资金。

上述负责人称，该项目规划总面积约 9 平方千米，概算总投资约 10 亿元，分湿地保育、恢复重建、科普宣教、合理利用、管理服务 5 个功能区。

"今年拟开工建设湿地保护区文化广场、大型林泽和水生植物园、集散广场、观景台、湿地大道、湿地博物馆等。"建成后，清水湖湿地公园将形成集休闲、观光、旅游、科普、宣教为一体的乡村湿地国家公园标杆，成为国内乡村湿地旅游景观样板。

（来源：四川新闻网 2016-08-08 http://scnews.newssc.org/system/20160807/000696519.htm）

案例提示： 以清水湖国家湿地公园为主要资源，打造乡村旅游特色景区。

三、地质

地质泛指乡村的土地、山、石等地理性质和特征的资源。地质资源也是乡村旅游中优势资源之一，包括山、丘、沟谷、平原、洞穴、岩石等多种类型。

1. 山

山是指地面上由地质活动形成的高耸部分，山按高度可分为高山、中山和低山。一般认为高山是指山岳主峰的相对高度超过 1 000 米的山，中山是指其主峰相对高度在 350 ～ 1 000 米的山，低山是指主峰相对高度在 150 ～ 350 米的山。

案例

莫干山小镇——国内最成功的乡村旅游综合体

浙江省湖州市德清县民宿的精髓在莫干山，莫干山民宿是一个统称，并非指某一个民宿。以 104 国道为界，以莫干山风景区为制高点，莫干山镇、筏头乡（现已合并至莫干山镇）和武康镇的上柏村、城西村、对河口村、三桥村等区域，位于德清的西部，属于生态环境保护区，也被称作环莫干山旅游休闲观光区。就是在这里，汇集着大量名声在外的民宿。

老实说，莫干山的自然资源并不独特，举目全国，有很多这样的山水。莫干山的民宿设计也谈不上个性十足，如果你走访多个分布全国的其他有特质的民宿，你会改变对莫干山民宿建筑设计的看法。

那么，到底是什么成就了莫干山民宿今天的名气和人气？

区位优势明显，心灵归属地触手可及

莫干山地处沪、宁、杭金三角的中心，莫干山脚下的德清县筏头乡，距杭州、湖州 55 千米，离上海不过 210 千米，离南京也就 250 千米，09 省道贯穿全境，104 国道、宣杭铁路、杭宁高速公路经其旁侧而过。

上海是现代化大都市，南京和杭州是古城古都，都是目前旅游的热门城市，在如此优越的地理位置上，为莫干山人气的汇集提供了无限可能。

自然资源丰富，是依托又是民宿构成部分

《纽约时报》评选了全球最值得一去的 45 个地方，莫干山排名第 18 位。美国有线电视新闻网（Cable News Network，CNN）将这里称为：除了长城之外，15 个你必须要去的中国特色地方之一。从外媒的这些报道，可窥一斑。

事实上，莫干山本身是国家 4A 级旅游景区、国家级风景名胜区、国家森林公园。莫干山山峦连绵起伏，风景秀丽多姿，景区面积达 43 平方千米，它虽不及泰岱之雄伟、华山之险峻，却以绿荫如海的修竹、清澈不竭的山泉、星罗棋布的别墅、四季各异的迷人风光称秀于江南，享有"江南第一山"之美誉。

推动乡村旅游，越是大城市越先逆势而动

当多元、混杂的现代文明逐渐取代农耕文明时，身处上海、杭州、南京这些大都市的人率先开始觉醒、怀旧、回归，他们开始渴望乡野田园的宁静和平实，乡村旅游应运而生，而莫干山正好静静地等待在他们附近，离得那么近，且千姿百态、独具内涵。

很幸运，莫干山没有朝城市化的模本飞奔，而是呈现一副更具生机的乡野面貌，完成了一次漂亮的城市化逆袭。

当莫干山的乡村旅游有效连接了城市需求和乡土资源时，发挥出了惊人的发酵力。莫干山上曾经被散乱废弃的农房，现在每栋 30 年的租金高达 100 万元。

衍生而来的配套产业、出租农房和流转土地等，让村里的沉睡资产变成了现实资本。仅莫干山一带 60 多家洋家乐，带动的农民房屋出租收入、流转土地收入等财产性收入超过 1.83 亿元。

在如此形势下，莫干山民宿越发展越得人心，越具凝聚力，越有影响力，这是莫干山持续发展的经济基础。

深挖文化资源，创意赋予新的灵魂

江南村落，山山水水，自然景观大同小异。要形成一村一品、差别竞争，文化包装不可少。

莫干山麓的燎原村做足了"民国文化"的文章，燎原村发轫于民国时的"乡村改良"运动，当时，民国要人黄郛政治上失意后，在燎原村办起了奶牛场、蚕种场、跑马场等，光阴荏苒，这些风雨剥蚀的场站、库房、学校都成了乡村旅游的"素材"；废弃的铁路枕木、老式自行车配件以及就地取材的竹子，当作文化墙和围栏，就隔成了一座座茶社、客栈和文化创意空间。

文化就像味精和调色板，丰富和提升了乡村旅游这顿大餐的文化品位，从而拉动了莫干山民宿的发展壮大。

塑造新品类，独树一帜，想不记住都难

提及莫干山民宿，不得不提"洋家乐"！

2007年，从上海骑车赴莫干山旅游的南非小伙子高天成一眼看中了青山环抱的"三九坞"小村庄。当他听说这些农房大多闲置时，立刻与朋友们租下了6间大房子，租期15年。从此，他们以环保理念将泥坯房改建为低碳型"三九坞乡村会所"，这就成了莫干山"洋家乐"的发源地。

可以说，正是"洋家乐"这张新奇的招牌，为莫干山民宿汇集了数不清的目光。人们先是好奇，不是农家乐吗，怎么出来一个"洋家乐"？继而开始探寻，极大地满足了人们的猎奇心理。与此同时，各大媒体纷纷跟风报道，为这一新奇事物的出现大书特书，掀起舆论高潮，让莫干山民宿、"洋家乐"一夜成名、天下皆知。

"洋家乐"的成功造势，对莫干山民宿的发展来说，功不可没。

有故事，自然耐人寻味

当你身处莫干山民宿，那些民国名人一个个向你走来，民宿主人更是津津乐道为你讲述过往的故事。

当你身处莫干山民宿，那些外国人在莫干山创业的故事一个个鲜活地呈现在你眼前。

当你身处莫干山民宿，那些诗文、石刻也鲜活起来，越过历史的叠嶂，向你描述沧桑巨变。

高格调，却又形式多样，规模效应凸显

莫干山民宿1 000元起价那是客气的，动辄三五千元一晚的比比皆是，这么说吧，莫干山民宿正因为贵再次聚拢了目光。

"啥房子啥床，这么贵？一定要去看看！"

无疑，对于对生活求新求异的富裕阶层，还真不怕贵，还就怕不敢贵。你越贵，我越住！

在这个过程中，高房价再次冲击了大众的神经，也点燃了媒体的报道欲，莫干山民宿想不火都难。

当然，有些人若看后感觉不过如此，莫干山还有几百元甚至百十元的民宿，想你所想，设计文艺温馨，舒适方便，性价比较高，一样可以让你有很棒的民俗体验。

当地政府大力扶持，背靠大树好乘凉

不只是莫干山，整个浙江省的乡村旅游都走在全国前列。举例说明：杭州市桐庐县荻浦村总共 687 户村民，七成以上经营农家乐；燎原村去年有 270 万人入住民宿；桐庐县富春江畔的芦茨村，几乎整个村子开发成了乡村酒店。跟各地乡村旅游相比，浙江的投入产出比明显高出一筹！

（来源：搜狐号 去村里 2017-11-12 http://www.sohu.com/a/203946513_756148，原文有删减）

案例提示：本案例系统介绍了浙江省以"莫干山"为主要资源，利用卓越的自然资源和人文历史，大规模打造乡村旅游综合体，形成了乡村旅游发展的大格局。

2.丘

丘是指地面上崎岖不平、形态起伏缓和，绝对高度在 500 米以内，相对高度不超过 200 米的高耸部分（小山或土堆），连绵成片的低矮山丘组成的地形称之为丘陵。丘陵坡度一般较低缓、切割破碎、无一定方向，一般没有明显的脉络，顶部浑圆，是山地久经侵蚀的产物。

丘陵既有山的味道，又比山更容易亲近，所以往往能够成为重要的旅游资源。

案例

武胜丘陵地上"绣出"乡村旅游美丽画卷

3 月 13 日，四川省第八届乡村文化旅游节（春季）暨武胜县第三届乡村旅游文化节在成都召开新闻通气会，宣布本次活动将于 3 月 28 日在四川省武胜县开幕。

由四川省旅游发展委员会、四川省委农村工作委员会、四川省农业厅、四川广安市人民政府、四川省旅游协会主办的四川省乡村旅游文化节，是四川省乡村旅游发展的重要节事活动,何以花落武胜?近日,记者前往该县寻找答案。

聚焦乡村旅游升温态势,挖掘旅游资源"富矿",乡村旅游应运而生

千里嘉陵,武胜最长。地处丘陵地区的武胜县,历史悠久、风光旖旎,旅游资源丰富,人文景点众多。其境内有"一江四河七十四溪",山环水绕,构成"青山""碧水""蓝天""净土"的田园风光美景,是全国商品粮大县、生猪生产"百强县"、农业农村部渔业局渔业生产定点联系县、全省蚕茧生产基地县,享有竹丝画帘、剪纸两项中国民间艺术之乡的荣誉,有全国重点文物保护单位宝箴塞镇等46处各级文物保护单位,素有"嘉陵明珠"的美誉。

然而,时间倒回2012年,守着旅游资源"富矿"的武胜却陷入了难觅休闲旅游好去处的尴尬境地。"将旅游业作为发展国民经济的先导产业和支柱产业,树立全域旅游经济理念,倾力打造嘉陵江生态休闲度假旅游目的地。"聚焦国内乡村旅游不断升温的态势,传承千年农耕文化的血脉,引领乡村旅游文化的潮流,武胜县审时度势、顺势而为,创新发展思路,规划面积50平方千米的白坪—飞龙乡村旅游度假区。

这一决策背后还蕴含着该县决策层更深层次的考量——武胜作为传统农业大县,把乡村旅游发展有机融入深化乡村改革中,产村相融、农旅结合、文旅结合的现代农业产业发展之路将加快实现破题。

坚持规划先行,科学开发,创新运用市场法则,走出一条可资借鉴的乡村旅游发展之路

如今,涵盖白坪、飞龙、三溪3个乡镇29个行政村,幅员50平方千米的白坪—飞龙乡村旅游度假区已成为川内外游人的向往之地。循着其发展脉络,不难发现其背后高水准的规划。

为保证景区发展的科学性、持续性,武胜县以"全域武胜,全面跨越"统揽全局,坚持人文创意区、生态观光区、生产体验区、生活保障区"四区配套",生态、文态、形态、业态"四态合一",美化、绿化、洁化、序化"四化推动"理念,聘请水平高、实力强的专家团队,科学编制《白坪—飞龙新乡村示范区发展总体规划》,旅游内外环线、游客中心,以及花样年华、橙海阳光、四季花海、丝情画意、开心农场、金色大地6大别具特色的主体景区按规划兴建,绘出一幅"乡中城,城中乡,城乡融合"田园都市画卷。

"仅靠财政投入行不通",作为传统农业大县的武胜,以市场法则为抓手成功破题——组建农投公司,充分发挥公司及其下属土地、旅游、商贸、农业综合开发公司的投资营运职能,采取市场运作方式,对示范区进行整体投资建设营运。"通过市场运作方式,不仅解决了景区建设的燃眉之急,还吸引了不少业主前来投资、参与景区道路等基础设施建设。"武胜县现代农业园区管委会负责人说。

多业融合丰富乡村旅游内涵，带动农民增收致富

旅游与农业、文化等融合发展，跳出"景点体验"传统模式，精心打造多元新业态，白坪—飞龙乡村旅游度假区发展空间更加广阔。

武胜县三溪镇桐子岩村三溪大田景观，晚熟柑橘铺绿大地，橘香扑面，令人神清气爽。甜橙采摘园果实丰硕，带上亲朋好友来一次田园采摘竞赛，收获生态果实，放松心情。坚持产村相融、农旅结合，连片发展优势特色产业，走农旅结合之路，千亩花卉苗木园、万亩粮经复合产业园、万亩标准甜橙园、万亩精品蔬菜园等现代农业基地渐成规模，产业发展欣欣向荣，尽显大地之美。

走进白坪乡张家院子，只见一座座错落有致的农家小楼庭院中，绣娘们正聚在一起琢磨竹丝画帘的新工艺。竹丝画帘展馆里，一幅幅精美的竹丝画帘引得游客啧啧称奇。走文旅结合之路，以红岩文化、生态田园为特色的白坪新村，以乡村房屋年代秀、创意农业为特色的下坝记忆等景点，让古老的院落得以重焕光彩。

当新娘、坐花轿……一场场具有地方民俗特点的川东婚俗表演在高家院子上演，游客可在院子里观看坐歌堂、迎亲等武胜传统婚俗节目，还能够参与其中。四川创意农业精品展、四川自行车骑游赛等旅游活动，中央电视台"心连心"艺术团、四川广播电视台"欢乐天府行"栏目组开展的拍摄活动，连续举办的武胜乡村旅游文化节活动，在景区时常上演。"丰富多彩的活动让景区突破了乡村旅游的季节限制，一年四季都是旅游热点。"该园区管委会负责人说。

随着旅游的升温，景区通过招商引资、就地培育等方式，已发展家庭农场14家、种养大户53户、产业化龙头企业8家，发展农民合作组织24个，形成了集"产供销""吃住行""游购娱"为一体的完整产业经营链，实现了第一、二、三产业良性互动，白坪—飞龙新乡村示范区成功创建为国家4A级景区。当地越来越多的农民在乡村旅游发展中走上小康之路，带来了产区变景区、产品变礼品、打工变创业、劳动变运动、一业变多业、农民变居民6个转变，实现了"住上好房子、过上好日子"的梦想。白坪乡高洞村被评为全国宜居村庄和央视2014年"中国十大最美乡村"，飞龙镇卢山村被评为"中国最美休闲乡村"，三溪镇观音桥村被评为全省十大幸福美丽新村，业兴、家富、人和、村美的幸福美丽新村不断涌现。

白坪—飞龙乡村旅游度假区并非武胜县乡村旅游的"一枝独秀"。规划建设面积48平方千米的宝箴塞旅游区以古塞文化、民俗文化为核心，依托当地古民居、古村落等特色资源优势，把村落作为景区、把民居作为景观小品来打造，配以发展认养农业、采摘农业、亲子农业等乡村旅游，开启了创建国家5A级景区的发展路子。

乡村旅游助推武胜旅游发展，武胜县被成功创建为全国休闲农业与乡村旅游

示范县、四川省十大区市县旅游目的地、省级乡村旅游示范县、旅游标准化示范县、环境优美示范县。相信，借助全省乡村旅游文化节的火热东风，2017年武胜的乡村旅游必将活力四射！

（来源：四川手机报 2017-03-16 http://ga.m.scsjb.cn/news/view.action?instance.id=136695&channelId=10008&page=1）

案例提示：丘陵资源如果运用得当，也有不次于名山的魅力。本案例中，武胜县就是以丘陵地貌为基本资源，大规模打造乡村旅游区，成功创建了全国休闲农业与乡村旅游示范县。

3. 沟谷

沟谷是瀑布或溪流侵蚀所成的槽形洼地，长十余米至数十千米不等。沟谷大多具有一定的观赏性，如果审美角度选择开发得当，往往能够成为独特景观。

案例

葡萄小镇打造乡村旅游新样板

游客接待中心、矿坑公园及商业楼等工程正在紧张施工中，葡萄树整治、民宿管家培训、文化创意培训等工作已与台湾专家展开深入洽谈，由台湾顶尖设计师团队设计的文创产品也在构思中……作为昌黎县备战第二届河北省旅游产业发展大会的一个主战场，葡萄小镇各个项目正紧锣密鼓进行中，小镇将依托葡萄沟景区独特的生态价值，全力打造乡村旅游新样板。

葡萄沟景区位于河北省昌黎县十里铺乡，碣石山背风坡的沟谷中，沟内分布着西山场村、湾里村和条子峪3个行政村，葡萄种植历史达400多年，葡萄品种近百个。因当地土地较少，村民利用房前屋后空地，以及沿路和沟谷两侧栽植各种葡萄，自然形成了一道亮丽的风景线"十里葡萄长廊"。优雅的自然环境、独特的农业生态景观，使葡萄沟成为全国有名的农业旅游示范点、河北省30家乡村旅游景点之一，葡萄沟每年接待来此踏青赏花、观景摘果的游客达40万人次。

为更好地提升旅游档次，昌黎县借助第二届河北省旅游产业发展大会的东风，积极与华夏幸福基业股份有限公司等企业深度合作，将开发建设一批新项目，打造"全季旅游"新业态。依托葡萄沟景区，以建设京津冀创意休闲农业转型示范项目为目标，未来5年，华夏幸福基业股份有限公司计划投资60亿元重点打造葡萄小镇项目，该项目规划面积39平方千米，核心区规划面积17.45平方千米。葡萄小镇主要围绕"生态、生产、生活"三生融合的基本原则，坚持葡萄全产业链打造和绿色负碳的理念，深入挖掘昌黎地区深厚的葡萄种植、酿造，以及诗词、民俗文化，对葡萄全产业链进行创意元素植入，打造独特的"葡萄架下的生活方式"。今年计划投资15亿元，着力打造"六点一线"新业态，"六点"即新建葡萄小镇配套公共服务区、矿坑公园、村民活动中心、百年树王三星米其林餐厅、湾里老宅博物馆和悬空观景平台建设，"一线"是对玫瑰香大道及沿河景观带进行打造提升。

据项目负责人介绍，在生态建设上，小镇将引入零煤耗乡村能源策略，建设以植物纤维混凝土为创新材料的负碳建筑，打造样板型的四产院落；利用废旧的山体做生态修复，在还原生态的基础上对原有的矿坑矿石进行空间梳理，建设占地面积约15万平方米的矿坑遗址公园；针对当地生态短板，进行小镇河道水系维护，实现常年有水流。

在产业升级上，将引入先进国家的现代农业培训、文创旅游培训和红酒产业培训等先进的产业资源，着力为小镇定制打造旅游度假全产业链；积极邀请国内外专家对当地村民进行民宿管家培训和农业技术培训；携手我国台湾硕石文创公司开发设计地方特色文创产品；建设葡萄小镇文旅社区，其中包括创意民宿、游客中心、音乐公路、老宅民俗博物馆、生态停车场、悬空观景平台，融合第一、二、三产业，推动旅游产业升级。

本着"一镇一节庆"的理念，小镇将在市旅游发展大会期间举办葡萄音乐节、热气球嘉年华、葡萄狂欢节、葡萄架下的餐桌计划、帐篷派对、登顶线路等大众参与型活动，定制昌黎专属的城市节庆，扩大知名度和影响力，打造昌黎城市文化名片。

目前，葡萄小镇各项目进展顺利，预计7月底前完成工程施工并投入试运营，项目完成后将带动周边17个村庄和卢龙县部分村庄产业转型和乡村旅游升级，未来的葡萄小镇将成为特色鲜明的产业镇、旅游村、创业城。此外，葡萄小镇在今年首届河北旅游"不得不"系列评选活动中被评为"不得不访的十大美丽乡村"。

（来源：河北省人民政府网 2017-05-31 http://www.hebei.gov.cn/hebei/11937442/10756595/10756623/13835160/index.html）

案例提示：依托葡萄沟景区独特的生态价值，打造了独特的乡村旅游产品。

4. 平原
平原是指陆地中地形相对高度不超过50米，坡度在5°以下的平坦地貌。按照成因可将其分为冰碛平原、冲积平原、海蚀平原、冰蚀平原，其中最常见的是冲积平原。平原是最容易被开发利用的地貌，往往容易形成令人震撼的乡村景观和田园风光。

案例

嘉兴探索乡村旅游"平原模式"

2018年春节，浙江省嘉兴市诞生了一个"网红村"——秀洲区新塍镇潘家浜村。春节长假游客接待量达到5万人次，旅游收入300万元，这是潘家浜村实施村庄景区化建设后的热闹"首秀"。

好的开局是成功的一半。35岁的村支书章何兵备受鼓舞。去年，他和村级班子撸起袖子大干了一年，就做一件事——把村里变成3A景区该有的样子。在干事的年纪，跟认真干事的人一起，把该干的事干得漂亮，这让章何兵心里很有劲。另外一种动能来源于一种成就感。过去一年，村里景区化建设集中投入了2 700多万元，带来的变化有目共睹。章何兵突然发现，带着项目找到村里来谈合作的人突然多起来了。现在摆在他面前最迫切的事，是把"潘家浜旅游怎么干"这件事想得更清楚、更明白。

一切刚刚开始。今年是嘉兴市乡村景区化的第2年。去年，全市培育100多个村落成为A级景区，其中，15个是3A级景区，超额完成全省任务指标。像潘家浜这样，首批获评3A级景区的村落底子都不错：自然景观优美，人文景观丰富，文化底蕴深厚，旅游配套设施相对完善。作为探路前锋，这些村落既有政策帮扶，也与机遇同行，但其注定将与"泥泞"为伴，在希望与挫折中前行。这趟"开往春天的列车"上，呈现的故事不尽相同……

小村庄，大梦想

千年银杏难得，千年梓树更金贵。潘家浜村就有一株千年梓树。梓树在民间象征着爱情坚贞，多子多福。古树位于原唐代古刹零宿庙前。庙已不再，古树依然，而它将见证潘家浜的另外一段传奇。

潘家浜是一个行政村，下辖13个村民小组，常住人口2 000多人，去年，农民人均收入24 241元。多年来，村里的主导产业有果木、苗木及传统蚕桑养殖等，绿化和水环境保持得很好。村域水道蜿蜒密布，粉墙黛瓦的民居依水而建，构成了嘉兴平原乡村最典型的人文风貌。

从去年（2017年）下半年开始，潘家浜对照浙江省3A景区标准进行景区化改造。"我们自己不懂，就从杭州请了专业公司来设计文化景观，进行整体氛围营造。"章何兵说。目前，涉及100多户农户的核心区建设已基本完成。记者看到：水港中水车吱呀；竹篱笆内，菜畦青青；千年梓树旁，中式连廊清秀。村里铺的是细石路，农家院墙已经修整刷白，有门楼，有景观小品，公共空间建成了咖啡书屋、蚕桑文化博物馆等，娱乐设施有开心农场、农业观光体验、招展露营基地等。潘家浜已经启动国家3A级景区的创建。章何兵说，今年，村里还要进行河道清淤，种上水草，使其就像小时候的河滨一样清清爽爽。另外，村里还计划新修一条绿道连接嘉湖公路。

曾经的偏远变成了潘家浜优势。从市区出发，沿着嘉湖公路可直达乌镇。走到一半，刚好是潘家浜。它距离乌镇景区10.9千米，距离市区9.8千米，离高速新塍互通只有3.5千米。今年，东升西路延伸段刚好就修到潘家浜村。"吃在新塍"也将成为潘家浜的另外一个优势。新塍镇的陡门村火龙果采摘、蓝莓采摘等众多采摘游基地就在潘家浜的不远处。章何兵心里有了一个"小目标"：如果单靠自己，想要把大流量做起来显然不易，可以将其做成集民宿、农家乐、吃住养生于一体的旅游集散地。

目前，农户自发开设了3家农家乐和3家民宿，另外有一家农户投资200多万元正在改建一家民宿。春节长假，生意好的农家乐单日营业收入上万元，成为潘家浜村庄景区化建设"尝到第一口水的人"。

在章何兵看来，"村庄景区化改造首先是让村子更美了，让村民都能享受到环境品质化提升带来的舒适感，未来，我盼望着更多村民投入到集循环农业、创意农业、农事体验观光于一体的新型农业中来，一起分享乡村旅游的红利。"

据介绍，目前，潘家浜已引进嘉兴远景旅游开发有限公司（以下简称"远景公司"）进行景区村庄建设。该公司负责人表示，未来将着重在民宿、休闲业态等方面加大招商力度，同时扶持和引导村民投资经营。村里还计划引进第二方资金，以"桑梓情·养心地·梦里水乡"为主题，将潘家浜打造成水陆双栖短期度假休闲旅游地。

跨过"泥泞"，探路前行

推进景区村庄建设，起步有早晚，进程有快慢。

嘉兴南湖区凤桥镇联丰村王祥里是嘉兴市A级景区村庄。联丰村委会主任吴士根说，村里的改造提升项目去年已经投入了1200多万元，村容村貌大为改观，乡村景观建设初具雏形。今年，一方面要追加投入，另一方面要引进专业项目和团队，对村里旅游进行专业化整体开发运营，这件事已经提上议事日程。"之前谈过几家但不是很中意。"吴士根说，"建议上级政府部门甄别筛选，设立一个备选库，帮助我们选择合适的对象。"

记者了解到，南湖区的永红村、秀洲区的建林村，遇到了同样的开发烦恼。大手笔集中投入让景区村庄具备了旅游开发的基本设施和条件，但设施后期养护、提升投入同样费用不菲。一方面地方财政投入有限，需要考虑投入均衡性；另一方面如果一味"靠政府"推动，也有违乡村振兴主旨。

嘉兴市旅游委员会主任张硕认为，应该发挥市场的作用，积极鼓励社会力量参与建设开发。

而在海宁了桥镇，"走得早""走在前面"的梁家墩景区化建设运营，已成为全省标杆，被人称为"梁家墩模式"。浙江最美公路"翁金线"从村前穿过；站在农户楼上就可以观赏到钱塘江潮。于是，有人将梁家墩的快速"冒尖"一定程度上归功于其得天独厚的潮水。但记者在采访中发现，梁家墩的成功绝不仅仅靠"天生"。

一年前，海宁新仓村与远景公司合作成立仓塘旅游开发有限公司（以下简称"仓塘公司"），其中经济合作社占股49%，企业占股51%。村民以房屋使用权入股，由仓塘公司统一规划运营并保底分红，形成了"合作社+企业+村民"的乡村旅游模式。

村委会全面引导、公司运营管理、村民自主经营，仓塘公司与村民明确分工，实行"四统一、三差异"的旅游业态运营理念：公司负责统一的市场营销、统一的业态运营、统一的质量管理、统一的后勤保障；村民提供差异化的接待服务、差异化的个性体验、差异化的文化特色。

民企合作方面，核心技术岗位由专业技术人员负责，简单工作及临时工作则大胆启用村民。据统计，从去年4月至12月，当地村民便为仓塘公司服务超过3万小时，经济收入超过30万元。在村民自主经营的同时，仓塘公司采用"二八原则"：利用20%完全空置或愿意出租的房屋向社会招商，带动了80%村民自营业态各方面水平的提高，实现80%的收入归于合作社、村民。

梁家墩是远景公司合作的第一项目，其后又成功牵手潘家浜，未来合作名单还有可能加长。但眼下，远景公司遇到了一些始料未及的问题。比如，远景公司总经理徐雨潇说，新业态进村凸显出电力设施需要改造，旅游厕所数量偏少，停车场需要改扩建等问题。但最突出、最棘手的问题还是土地问题。"招商过程中，我们谈过一些质量比较好的项目，最终都卡在了用地指标上。"王店镇建林村的相关负责人也表示，村里想建一些标准化停车场，这是国家级景区建设的硬指标要求，但是通过卫星遥感就能看到这些停车场不在规划之内。

采访过程中，还听到了更多苦衷：村里懂旅游的人少，专业人才从哪来？团队组建和相关考核奖励机制如何建立？与第二方成立开发公司后，如何理顺各级权限？开发如何避免"千村一面"？村庄景区化开发如何留住乡愁？"越往前走，要解决的问题就越多，边干边想办法吧！"徐雨潇说。

机遇叠加，乘势而上

去年初，浙江省提出深化"千村示范、万村整治"，按照景区的理念和目标来建设村庄，打造美丽乡村升级版。去年7月，嘉兴市委、市政府下发了《关于印发农业农村改革发展"四个行动计划"的通知》，提出开展景区村庄建设，实施乡村"创A"计划，留住"最美乡愁"。根据通知要求，全市将以景区建设的理念和标准提升美丽乡村建设水平，强化规划管控、特色营造和设施配套，丰富休闲观光、养生养老、运动健康、文化创意等新兴业态，大力推进乡村旅游业转型发展。近年来，我市力推的美丽乡村建设、小城镇环境综合整治、"二改一拆""四边二化""五水共治"等重点工作，都是在为村庄景区化建设"输力"，并打下了良好的基础。

嘉兴市委副书记孙贤龙在一篇署名文章中提出，嘉兴在普遍推进村庄景区化、深化美丽乡村建设的过程中，集中力量建成几个像乌镇那样让人"耳目一新、刮目相看"的3A级示范景区村庄——"小乌镇"是有可能的。

嘉兴市旅游委员会相关负责人认为，应当从全域旅游的角度认识和推进村庄景区化建设。与此同时，村庄景区化与嘉兴蓬勃兴起的红色旅游存在很多交集，乡村旅游完全可以借势借力，乘"红色+"的东风，实现融合跨越式发展。

（来源：嘉兴日报2018-03-08 http://jxxznews.zjol.com.cn/xznews/system/2018/03/08/030748042.shtml）

案例提示： 最普通的平原，恰当挖掘，也是绝佳的乡村旅游资源。本案例中，嘉兴市发挥平原地区的独特优势，化平淡为神奇，打造了优质乡村旅游区。

5. 洞穴

洞穴是指在土中、峭壁上或山丘里挖出来的空间，通常是受水的侵蚀作用，或是在风与微生物等其他外力的作用下形成的空间，尤指有洞口通到地表面的天然地下室。洞穴是一种带有神秘性的资源，也是一种与民俗、民间传说易产生关联的资源，因而，往往能够成为旅游开发的良好素材。

案例

兴仁县彝家洞群众发展乡村旅游走脱贫新路

欣逢盛世万民庆，彝家美酒醉嘉宾。12月6日，兴仁县彝族大年节活动在新龙场镇杨柳村大洞组举行，来自杨柳村的彝族群众打糍粑、看演出、吃杀猪饭、喝彝家美酒，共同庆祝盛世佳节。

具有悠久彝族历史文化背景的奇特洞穴景观彝家洞，为一巨大天然溶洞，洞长绵延数公里，并有10余个耳洞，洞内历经亿万年形成的钟乳石壮观绮丽，栩栩如生，有"仙人梯田""擎天柱""碧水银潭""神佛仙群"等景点，令人叹为观止。借助党和政府扶贫攻坚的春风，该村村民抓住全省大力发展乡村旅游业的历史性机遇，自筹资金成立了彝家洞旅游开发有限公司，充分利用彝家洞这一神奇美丽的自然景观，走乡村旅游的路子，通过企业带动、农户参与等方式，在弘扬和传承彝族文化的同时，发展乡村旅游经济，带动当地群众脱贫致富奔小康。

　　当日，在杨柳村彝家洞活动现场，来自云南乌蒙山的彝族歌手们倾情演唱了彝族韵味十足的《干了这杯酒》《净土》《要走的阿老表》等经典歌曲，还表演了当地传统彝族舞蹈《阿妹戚托》及《烟盒舞》《七月火把节》等歌舞，为当地群众带来了一场文艺盛宴。

　　（来源：搜狐号 中国黔西南 2017-12-11 https://www.sohu.com/a/209756837_119935）

　　案例提示：利用洞穴资源，形成特色乡村旅游产品。

6. 岩石

　　岩石是指构成地壳的矿物的集合体，分沉积岩、火成岩和变质岩三大类。岩石种类丰富，往往能够成为良好的旅游素材，如海南的火山石、棋子湾的沙滩石、南京的雨花石等，各种石壁、石刻也是旅游产品开发中广泛使用的资源。

案例

澄迈着力打造三条"美丽乡村带"，使火山岩石村落焕发出新的姿态

城在田中　人在画中

　　早春三月，海南省澄迈县的火山岩土地上，已是百花盛放，绿荫乡道中散落着一个个古朴的火山岩石古村落。神秘的美榔双塔，庄严的罗驿村李家祠堂，秀美的大美村……如同一棵棵闪烁的明珠，隐藏在美丽乡村中。

　　"不知怎么地，每次一骑行到澄迈的乡村，心情就会很放松。"海口市民黄先生最近这几年将澄迈当作了"周末第二居住地"，每个月总要来住几次，"这里是城在田中，园在城中，人在画中。澄迈，越来越有味道了！"

古村老巷展新姿

　　满是洞眼的石屋石器，清水荡漾的池塘，独木成林的榕树……走进澄迈的火山岩石古村落，时光仿佛凝注在这些村庄里，让人回味无穷。

　　澄迈历史悠久，底蕴深厚，在这片钟灵毓秀的土地上，千年历史的传承和延

续，诞生了许多民风淳朴、特色鲜明的村落。这些古村落，如颗颗遗珠，散落在这片富饶的红土地上。

走在澄迈的乡村，游客不仅为秀美风光而流连，为民风淳朴而感动，更为随处可感受的历史和文化气息而感慨万千。这种气息源于澄迈深厚的历史积淀，源于乡村村落文化的传承与发展。

"一到罗驿村就不想走了，村庄整洁干净，民居错落有致，村民纯朴好客，这里有着无数城市人怀念的乡愁，我们喜欢住在这样的村庄里。"黑龙江游客韩士贵说。

2013年，澄迈借助城镇化发展思路，提出建设三条"美丽乡村带"，整合资源，对县内的乡村进行统筹规划，采取"多村统一规划，统筹联合创建"方式，让澄迈的美丽乡村成为一个整体，打造新的可经营的乡村旅游品牌。2014年，澄迈正式启动火山岩石古村落申请世界遗产工作，欲将美丽乡村包装打造成为文化旅游产品，为澄迈旅游发展注入新活力，同时提升整个琼北圈的乡村旅游水平。

2014年，中华人民共和国住房和城乡建设部公布了第三批中国传统村落名录，海南省共有12个村落入选，其中就有9个属于澄迈的火山岩石古村落。火山岩石古村落中蕴含的中国传统乡村文化已经引起了澄迈县的重视，从11年前开始，澄迈就提出了美丽乡村建设，呼吁保护乡村传统民居、民俗等传统文化。

让乡村整洁秀美

每天早晨7点多，在澄迈金江镇美文村，一支"娘子军"保洁队就开始忙着打扫村庄的街道。"除了下雨天，我们每天都会出来打扫，打扫干净了大家都住得舒心！"90岁的阿婆黄春和笑呵呵地说。

乡村虽然景色秀丽，可卫生环境差、配套设施缺失向来是游客游玩的最大担忧。为此，澄迈把乡村环境卫生综合整治作为美丽乡村建设的突破口。澄迈在所有自然村配保洁员、所有镇场配垃圾转运车的基础上，提出了村庄人居环境改造标准，包括布局优化、村庄绿化、路灯亮化、河道净化等，健全和完善村镇垃圾池、果皮箱等环卫设施。

整洁、秀美的乡村得到了游客的青睐，今年春节黄金周，澄迈旅游接待58.33万人次，同比增长了17.25%，实现旅游收入3.05亿元。

古村保护与开发结合

早晨，大美村的荷花池塘里，朵朵硕大鲜艳的睡莲荡漾在清澈的水面上，鲜艳的色彩和优美的花型吸引了众多游客观赏。

"这莲花不仅好看，还可以泡茶喝，美容养颜！"大美村村民陈明东热情邀请游客品尝莲花茶，他从荷田间采来一朵黄莲花，择其叶，去其梗，放在茶盅里，用开水冲泡。开盅闻香，一股清香扑鼻而来，令人心旷神怡。

开发与保护相结合，使农民成为受益者，是澄迈美丽乡村建设的最终目的。这其中，九品莲花种植是澄迈开展美丽乡村建设的致富项目之一，让村民从乡村建设中受益，成为乡村建设的主体和推动者。

"要以产业来支撑乡村的发展！"澄迈县农村工作委员会主任王广俊介绍，自2013年启动美丽乡村建设以来，澄迈采取"多村统一规划，统筹联合创建"的方式，统筹各村路网、林网、供水网、电网、通信管网、垃圾处理网、污水处理网等一体化建设，合理规划布局新型农业产业带和乡村旅游带。同时以美丽乡村建设促进城镇化建设，探索乡村社会管理创新。

澄迈县副县长吴健介绍，接下来澄迈要对乡村的旅游资源进行整理挖掘，因地制宜发展一些特色旅游产品，比如很多冬暖夏凉的火山岩老屋无人居住，可以将其改造为乡村客栈；依托古驿站文化资源，在罗驿村等古驿站经过地修建海南古驿站历史博物馆，开发古驿道体验游等，为当地乡村增添活力。

澄迈县要把美丽乡村建设与推进城乡一体化、生态文明建设、乡村文化建设、可持续发展以及农民增收相结合，让澄迈的"美丽乡村带"成为一个整体性的可经营的乡村旅游品牌，成为澄迈发展新的动力。

从咖啡飘香的澄迈福山镇侯臣村，到书香绕梁的老城罗驿村，再到荷花满池的大美村，澄迈美丽乡村建设串联起一道道美丽风景线，也开发出当地农民增收致富的产业带和乡村旅游带。今年，澄迈县将继续以"连点成带，全面推进"的思路，使"美丽乡村"成为澄迈发展新的动力，实现该县绿色崛起。

（来源：海南日报 2015-03-16 http://hnrb.hinews.cn/html/2015/03/16/content_6_2.htm）

案例提示：澄迈是海南火山岩地貌区之一，其中火山口、火山溶洞等可以成为很好的旅游资源，到处都是独特秀美的火山石，其与人文都有深切的关联，从而成为珍稀的旅游资源，形成独特的火山岩石村落乡村旅游产品。

小知识

丹霞地貌

1983年《地质辞典》首先提出丹霞地貌定义："指厚层、产状平缓、节理发育、铁钙质混合胶结不匀的红色砂砾岩，在差异风化、重力崩塌、侵蚀、溶蚀等综合作用下形成的城堡状、宝塔状、针状、柱状、棒状、方山状或峰林状的地形。"这是学术界对丹霞地貌所下的第一个定义。

四、生物

生物是指自然界中一切具有生命特征的物体。生物资源是乡村旅游中非常丰富的一类资源，分为植物、动物、微生物等种类。在乡村旅游发展中，生物资源是优势资源，对其保护开发得当，会成为重要的旅游资源。

案例

海口规划建设45处湿地保护小区　主要保护珍稀动植物

2017年6月13日，记者从海口公布的《海口市湿地保护修复总体规划》中了解到，海口正在规划建设湿地保护小区共45处，系统地将全市小斑块湿地有效保护起来，主要保护黑脸琵鹭、水菜花、野生稻等珍稀濒危动植物，以及重要水库、独流入海河流水环境。

据悉，这45处湿地保护小区包括25座水库类型湿地保护小区、8条河流类型湿地保护小区、5处湖泊类型湿地保护小区、3处珍稀濒危动植物类型湿地保护小区、1处湿地文化保护类型湿地保护小区和3处滨海湿地保护小区。

其中，水库类型湿地保护小区包括总库容量在100万～1 000万立方米之间的小型水库共25座；河流类型湿地保护小区包括南渡江部分支流及独流入海河流共8条；湖泊类型湿地保护小区包括（除长钦湖外）5处湖泊湿地；滨海湿地保护小区3处，分别是金沙湾海岸湿地保护小区、东营岸段湿地保护小区和桂林洋岸段湿地保护小区；珍稀濒危动植物湿地保护小区3处，分别是夏塘水鸟湿地保护小区、金沙湾蜂虎湿地保护小区和那央水生植物湿地保护小区；湿地文化保护类型小区1处，即新旧沟湿地文化保护小区。

接下来，全市将在保护小区设立界桩、标牌，明确保护小区范围及保护目标；组建巡护小组，建立巡逻机制，严控不合规行为；将湿地保护小区纳入地方生态红线区域，多渠道筹集资金支持湿地保护小区建设。

同时，海口将结合各湿地保护小区湿地类型的特点或功能分区的不同，开展绿化示范村、美丽乡村、农村环境连片整治样板区建设，调整周边村镇经济发展方向，建立示范保护小区。

（来源：海口网 2017-06-14 http://www.hkwb.net/news/content/2017-06/14/content_3265545.htm）

案例提示：动植物特别是珍稀动植物是珍贵的生态型旅游资源，对其加以保护，为生态型高档乡村旅游开发奠定了基础。

1. 植物

植物是生命的主要形态之一，指有叶绿素和细胞壁能够进行自养的真核生物。包含了树木、灌木、藤类、青草、蕨类及藻类等生物。现存大约有 350 000 个植物物种，被分类为种子植物、苔藓植物、蕨类植物和藻类植物。直至 2004 年，其中的 287 655 个物种已被确认，有约 258 650 种开花植物、约 15 000 种苔藓植物。植物是乡村旅游极为重要的资源之一。

案例

盛山植物园：做实乡村旅游　助推乡村振兴

"走哟！到盛山植物园赏花！"这是近段时间不少游客呼朋唤友的"口头禅"。每到春天，这里是花的海洋，到处散发着芳香，吸引了各地游客纷至沓来。

重庆市开州区盛山植物园因原属"盛山"辖区而得名，规划面积 2 500 亩，2016 年 12 月成功创建国家 3A 级旅游景区，是集花木种植、苗木销售、植物科研、科普教育、休闲娱乐、旅游度假、养生观光、商务会议、绿色餐饮为一体的大型绿色生态园。

一步一景，打造"花花世界"

眼下，盛山植物园花团锦簇，火红的玫瑰、娇媚的蔷薇、缤纷的月季……游客徜徉在花的海洋，或拍照，或赏花，神清气爽，无比惬意。

盛山植物园以天然生长的绿植花卉苗木为基础，引进栽培近万种绿植花卉苗木品种，其中国内外珍稀品种达 300 余种。园内设有桂花苑、紫薇苑、玫瑰文化产业苑、牡丹苑、蜡梅苑、杜鹃苑、茶花苑、海棠苑、三角梅苑、盆景苑等多个专类苑，有金弹子、蜡梅、海棠、美国紫薇、杜鹃、多头铁树、红继木、罗汉松等珍稀盆景，其造型独特、种类繁多。

这些花卉苗木使园内一步一景，"花花世界"吸引着游客的眼，更牵动着游客的心。

以文兴园，植入"文化内涵"

"同学们，这是什么植物？它的特性是什么？"近日，重庆开州区汉丰一校的学生们来到盛山植物园，开展校外科普活动，孩子们和大自然深情相拥。

一直以来，盛山植物园依托园林优势，为广大青少年学习植物特征、生长习性和苗木栽培等知识提供了实践机会和平台，不断丰富中小学生的校外知识，使其开阔了眼界，陶冶了情操。

2017 年 3 月，盛山植物园被开州区科学技术协会、开州区教育委员会、共青团重庆市开州区委员会、开州区关心下一代工作委员会联合授予"重庆市开州区青少年科普教育基地"，成为渝东北首家青少年科普教育基地。同时，还与本地、周边区县各中、小学校达成合作协议进行科普教育，每年接待中、小学生达 3.5 万人次。

2017 年 4 月 6 日，万州的青年摄影团来到盛山植物园开展创作，一幅幅精美的作品就此诞生了。

文化是旅游之魂，旅游离不开文化，走进盛山植物园，无论是走廊，还是沿途小径，处处弥漫着文化的味道。

盛山植物园是重庆市委宣传部文化交流活动基地，重庆电视台《雾都夜话》栏目组在园内设立了拍摄基地，还与区内外各文化团体联袂构建了文化活动基地，为艺术家到开州区创作写生提供了优越的条件，也为植物园增添了丰富的文化内涵，更为艺术家们的交流和开州文化的推广提供了一个良好的平台。

"乡村旅游，文化要走在前。"盛山植物园负责人张海生说，以文兴园，他们一直在路上！

民俗活动，浓浓"乡村味"

盛山植物园设有一个专门的乡村大舞台。这个舞台展示了各种乡村文化，也成为游客展示才艺的平台。

最令游客感兴趣的还是一系列农耕文化，揣糍粑、打豆腐、杀年猪……让游客亲自体验农家活，也见证了渐行渐远的民俗特色。

"糍粑好吃，却从来没见过怎么做的，太有趣了！"90 后游客张强亲身体验揣糍粑后，显得无比兴奋，他说出了很多游客的心声。

一直以来，盛山植物园高度重视民俗文化的挖掘，打造出的农耕文化长廊、民俗演绎广场等，深受游客青睐，打豆腐、揣糍粑、农耕器具体验展示点、车车灯、扭秧歌等，可以让游客怀念 20 世纪八九十年代生活方式的同时亲身体验到小时候农家的乐趣。另外，盛山植物园员工表演的唐僧师徒游山、七品芝麻官巡游、扭秧歌等民俗节目，让游客参与其中，更是热闹非凡，令游客乐而忘返，成为景区一道靓丽的风景线。

浓浓的乡村味，为游客找回了童心童趣！

特色美食，尽享"开州美味"

好看、好耍、好吃，这是旅游"三部曲"。旅游离不开吃，有特色的美食，足以调动游客的味蕾，更能吸引游客的脚步。

"种农家菜，吃农家饭，品农家味"是很多游客乡村游的初衷。远离城市喧嚣，置身美丽乡村，就要体验和城市不一样的风味。盛山植物园下足功夫，在农家美食上"做文章"，美食所使用的山羊、鸡、鸭、鱼等原材料，全部采取农家式放养，其中鸡采用植物园自养跑山鸡，猪肉收购周边农户圈养生猪，鱼都是由五谷、青饲料等喂养而成，蔬菜瓜果也采摘自周边村户，自产自销。盛山植物园的乡村美食，天然新鲜、具有特色而又美味可口，有七贤烤全羊、盛山桂花鸡、盛山桂花兔、盛山荷花鱼、盛山桂花酒、盛山扣溜溜等特色产品，享誉区内外。同时，注册的商标产品形成独有的美食文化。

盛山植物园抓好各种节日契机，每年举办开州玫瑰文化节、开州紫薇文化节、开州桂花文化节、开州民俗文化节、开州烧烤文化节、开州中秋赏月音乐节、开州年猪文化节、新春民俗文化节以及传统的各大节庆等特色活动，让本地群众和外地游客可以全方位领略盛山美景、传统民俗文化、乡土风情、传统美食的独特魅力。

据统计，盛山植物园年接待游客30余万人次，吸纳了周边200余名村民就近就业，带动周边农户年人均增收3万元以上。盛山植物园成为我区发展乡村旅游的典范，加快了乡村振兴步伐。

（来源：开州日报2018-05-09 http://szb.kxzc.cn/kzrb/20180509/html/page_01_content_000.htm）

案例提示：依托植物资源，激活乡村旅游。

2. 动物

动物是生物界中的一大类，以有机物（植物、动物或微生物）为食料，具有与植物不同的形态结构和生理功能，以进行摄食、消化、吸收、呼吸、循环、排泄、感觉、运动和繁殖等特征的生命活动。

案例

庆元莲湖　这个乡村有"动物园"可摘葡萄，可好好过周末

炎日高温去哪里？许多朋友会告诉你到生态第一县浙江庆元，那里只有清凉没有酷暑，那里除了可以领略生态乡村的自由、温情和古朴外，还可以在农旅结合中，与新农人一起分享他们丰收的喜悦。

2014年，在"美丽中国·第二届全国特色生态旅游城市发展论坛"上，庆元县从国内220多个候选城市中脱颖而出，荣膺"中国避暑胜地"的称号。庆元县境内山清水秀，森林覆盖率达86%，森林覆盖率和林木绿化率均居全国之首，负氧离子含量极其丰富，被誉为华东地区最大的"天然氧吧"。全年最热月平均气温26℃，最冷月平均气温7℃，可谓冬无严寒，夏无酷暑。

让我们走进庆元莲湖，体验新乡村不一样的生活。

稻花荷香荡莲湖

立秋之后，城里丝毫不减夏季的炎热。下午3点多到庆元莲湖，热浪被山里的树远远地挡在了山外，山风吹过，人一下精神了许多。山里刚下过雨，云雾弥漫在四周青翠欲滴的山间，村口几株已经有两三百岁的古树，依旧枝繁叶茂，郁郁葱葱。绕过古树，可见一个大大的池塘，池塘周边有休闲长廊，长廊下是大和农家乐，农家乐边上便是葡萄采摘园。一些从福建过来的客人，正聚精会神地等着鱼儿上钩，孩子们则跟着妈妈摘葡萄去了，这样的下午，家人们各忙各的，各有各的收获，相得益彰。同行的朋友说，小时候他的妈妈在莲湖当老师，这里留下了他许多童年的记忆。他说，20多年不见，想不到原来偏远的乡村如今已是集农业休闲、观光、采摘、娱乐为一体的新乡村了。

沿着一片刚开出来的果园前行，到了瞭望台，这是观赏莲湖村全貌最佳的位置，登上高楼，山风清凉，极目远眺，村子掩映在片片竹林之中。层层叠叠碧绿的稻田围着村四周，比稻田略低一些则是荷花池，因为已过立秋，"映日荷花别样红"的景色褪去了，但莲池里尽是饱满的莲蓬。

据莲湖村委书记胡光松介绍，莲湖是全国休闲农业与乡村旅游示范点。村民以胡姓居多，是胡纮的后裔。据《胡氏家谱》记载，胡纮12世裔孙思广公选择吕源（莲湖）这块风水宝地。这里川岳毓秀，泉甘土肥，其乡风道明德秀，自开祖以来素号"吕源仁里"。

莲湖村隶属庆元县隆宫乡，距离县城33千米，地处浙闽交界，是一个典型的九山半水半田的小山村。这里四季皆有不同的景色。春来时，犁田之后水光山色，浑然天成；夏天到处碧绿一片，万物生长，稻荷相间美不胜收；深秋风轻云淡，稻黄铺于山野处处是丰收的喜悦；冬天暖阳高照，落叶缤纷又另有一番景象。莲湖村山林面积4 191亩，其中毛竹林面积2 848亩，拥有县级高效笋竹两用林示范园、全县唯一的生态竹子公园。

莲湖村通过新乡村建设，利用周边村落条件及自然环境条件，充分发挥优势、通过农家乐综合体创建，发展红提、葡萄、稻田养鱼、农事体验园等观光农业，建设完成集农业观光和休闲旅游为一体的乡村，营造了如瞭望台、荷花池、瓜果长廊、高山篮球场、宠物乐园等村庄小景。近些年莲湖村成功举办的乡村风情农事节，通过开展赏荷花、品生态葡萄、摄最美风景、钓美味鲜鱼、尝农家饭香活动，吸引了众多游客，莲湖村成了食、宿、行、游、购、娱、育为一体的农家乐园。目前，村里正式营业的农家乐共22家，累计接待游客达7万余人，带动农户增收800余万元。

站在瞭望台上，莲湖村尽收眼底，醒目的红色高山篮球场在飞舞摆动的竹林中充满了活力与现代感，骑行道蜿蜒穿过稻田恰似一条柔和的飘带串起了荷花与稻香。

"动物园"乡村　美美地过个周末

从瞭望台下来，沿着骑行道至村里，惠泉亭边，胡大伯正在出售自己种出的玉米。胡大伯已有七十几岁了，自从村子成了城里人都喜欢来的乡村之后，胡大伯家的玉米和其他的一些农产品也成了抢手货。胡大伯说，他一大担子的玉米放在这里，不一会工夫就卖完了。村里搞农事活动，胡大伯和几个老伙伴，一刻也不得闲，与游客下地一起乐。

村民吴益民建起了新家园家庭农场，开起了农家乐。吴益民的家庭农场，被游客们昵称为莲湖村的"动物园"，园里有孔雀、山兔、七彩山鸡、瓯江彩鲤、黑天鹅等物种。初步实现"水陆空"生态循环化养殖，并顺利通过了省级无公害农产品产地认证。

山里的"动物园"是热闹的，活蹦乱跳的野兔有的躲在草堆下，有的蹦老高，争抢着啃食青草，蓝孔雀见到客人来，有点害羞又忍不住竞相开屏；竹林中，上千只七彩山鸡低头觅食，冷不丁抖动着漂亮的羽毛；鱼塘中，成群的黑天鹅畅游池间，鸣叫声响彻四野……

吴益民介绍，借助庆元的生态旅游资源，在农旅结合中，他的家庭农场成了游客的乐园。游客在这里可以见识到这些平时难得一见的动物，很多游客还会摆各种姿势与黑天鹅、孔雀"合影"，孩子们喜欢与野兔"捉迷藏"。随着特色农业旅游开发，现在的游客大多会在这里玩上一天，在民宿里住上一夜。白天采摘、垂钓、骑行，与各种动物亲密接触，品尝各种新鲜美味的食物，晚上则在这享受安静清凉的夜晚，美美地睡上一觉。吴益民说，通过"旅游+"的模式，他的"动物园"不断扩大，现在养兔约30 000只，养鸡约30 000羽。

前不久吴益民参加庆元县的旅游发展推进大会，当听到县委书记蓝伶俐对庆元旅游的整体规划时，他感到新的机会又来了，随着海西旅游联盟成立，以及更大旅游平台的建立，未来他们的客源会更丰富、更稳定，他们的游乐项目也会更多、更好。

（来源：搜狐号 丽水新壹周 2017-08-18 http://www.sohu.com/a/165612556_99962825）

案例提示：地面、水下、空中到处都有动物繁衍和生息，动物作为旅游资源，使乡村的自然环境更加充满生命的活力、灵气，从旅游角度来说，一切有观赏意义的动物都是装点村庄、造景育景、最富灵动美的自然要素。每种动物又有各自的生态、习性、色彩、造型等特点，可满足人们多种观赏心态及娱乐、健身、考察、食用等功能需求。再加上建设过程中对生态发展规律的重视和突出，形成了人与自然和谐相处的乡村旅游景点。

3. 微生物

微生物，是包括细菌、病毒、真菌以及一些小型的原生动物等在内的一大类生物群体。我国习惯将微生物划分为以下 8 大类：细菌、病毒、真菌、放线菌、立克次体、支原体、衣原体、螺旋体。蘑菇、黑木耳、银耳、灵芝、太岁等真菌类产品，既可以作为特产开发成旅游商品，又可以对其生产过程进行开发，形成特色体验型旅游产品。

案例

梁平打造百里竹海 绘就美丽乡村

今年 6 月 8 日，重庆市梁平区百里竹海旅游度假区正式开园，慕名前来纳凉避暑游玩的游客增多，这也让当地村民的生活和收入随之发生了改变。

乐：竹海深处的 45 家竹家乐

百里竹海南北长约 34 千米，东西宽约 3.5 千米，拥有成片竹林 35 万亩，有竹种类近 100 种，被誉为"竹类博物馆"。同时，它也是全国独有的以寿竹为主的竹海景区。百里竹海旅游度假区按照"五湖四海"总体布局，将竹海打造成了 9 个分景区，即明月湖、观音湖、花石湖、镜湖、竹丰湖，以及蝶海、竹海、寿海、琴海。

在百里竹海景区深处，有许多祖祖辈辈都居住在那里的本地村民。曾经，他们主要的经济来源就是砍伐竹材、制作笋干等；而如今，在政府的扶持下，以百里竹海旅游度假区发展为契机，部分村民在家里开起了竹家乐。

在翡翠谷大塘村就有一家以"竹文化"为主题的竹家乐。这家竹家乐隐藏在竹林深处，从入口到竹家乐有一条用竹子搭起的通道，通道上方整齐地挂着红红的灯笼，看起来格外亮眼。这家竹家乐是老板严明兴一家四口经营的。

严明兴本是村里的一名竹制手艺人，打算颐养天年的他在考虑良久之后，决定响应镇上的号召发展竹家乐。从竹家乐开始动工装修，他便将自己编制竹子的手艺运用到了竹家乐的装修上。

他亲自参与竹家乐顶棚的编制搭建，用竹子打造休闲娱乐室、餐厅、卫生间，用竹片装修室内外，用竹篾编制竹桌椅，4 个多月下来，昔日的老房子焕然一新，完全蜕变成了一栋别有风情的竹楼。

2017 年 10 月 1 日，严明兴的竹家乐终于正式营业了。2017 年 12 月，严明兴的女儿参加了当地镇政府开办的免费餐饮培训班，专门学习农家菜。严明兴的女婿告诉记者，"我们这里，女的是主厨，男的就打下手。"

现在，竹家乐的竹笋鸡、竹笋炖猪脚、炒竹笋都成了店里的特色农家菜。随着百里竹海旅游度假区的正式开园，严明兴竹家乐的生意也随之忙碌了起来。"现在避暑旺季就要来了，这段时间也是我们最忙，生意最好的时候。一天下来大概有进账 1 000 元，纯收入 300 元左右。"严明兴的女儿告诉记者，一家人就忙旺季的半年，半年下来大概能赚个四五万元，余下的半年时间就去福建打工赚钱。

竹家乐使严明兴一家人的生活越来越有盼头，日子过得也越来越好。

竹家乐的发展不仅提升了竹家乐业主们自身的收入，也较大程度地带动了周边农户的收入。严明兴竹家乐的生意越来越兴旺，接待游客越来越多，因此，其食材开始供不应求，严明兴开始向附近的邻居采购竹笋、腊肉和新鲜蔬菜等，还收购邻里的山货在竹家乐进行销售。如今，10 余位村民成为他的固定"供货商"。

目前，竹山镇已发展主题"竹家乐"45 家，"在助农增收的同时，村民的思想观念也在发生改变，美丽资源变了现。"梁平区乡村振兴办公室相关负责人说。

"我们还要进一步扩大老百姓的视野，带他们去重庆万盛经济技术开发区、云阳县、奉节县等做民宿和农家乐有经验的地方去学习考察，让竹家乐成为竹海游客吃喝玩乐的主体，也让老百姓真正实现增收致富。"竹山镇党委书记杨颂说。

居：打造百里竹海后花园

在百里竹海之外的竹山镇正和村，那里的村舍花团锦簇、街道干净整洁。看到如此干净清爽的村舍环境，让人不禁想问，正和村是如何通过人居环境打造，把正和村变得如此美丽的呢？

正和村党支部书记王绍元告诉记者，正和村在竹山镇党委、政府的领导下，扎实推进美丽宜居村庄建设，以乡村垃圾、污水治理和村容村貌提升为主攻方向，动员各方力量，整合各种资源，强化各项举措，加快补齐乡村人居环境突出短板。

村两委班子加强学习，组织村里的妇女代表学习考察优秀模范，并在村里召开支部大会、村民代表会、妇女代表会等，研究制订方案，讨论如何将正和村打造成绿树成荫、百花飘香、美丽富饶的小山村。

正和村制定了相关的村规民约，村民自觉遵守，村民代表、党员、妇女代表组织成立"一帮三"，正和村的村民还提出了这样的口号：男人少抽两包烟，女人少买两件衣，小孩少吃两次零食，搞好村里的乡村环境综合整治。

在正和村建设美丽乡村的过程中，他们做到了转变观念，优化经济增长方式。一是发展种植业，种植"四个 100 亩"，即李子树、桃树、梨树、柑橘树各 100 亩，引导村民由单一农作物种植向统一的、有规模的经济果林种植发展；二是充分开发利用花石湖、安家洞、永生关庙、千年古树等旅游资源，带动农业观光旅游发展，争取实现旅游发展"三个一"，即一年四季鲜花盛开、一年四季鲜果飘香、一年四季鲜笋美味。

"我们这里靠近高速路的入口，游客从百里竹海开车回城，在过站的时候，可以在我们村吃饭、买新鲜的水果，现在，我们先把基础工作做好，为把我们村打造成百里竹海的后花园做好准备。"王绍元说，通过 5 ~ 10 年的努力，争取让正和村早日实现"四个100亩"和"三个一"的目标。届时，当地村民将会增收约40%。

食：长在竹海的竹荪菌

2017年，文力平种的竹荪菌线上、线下销售额近200万元，纯利润达到40万元。这对于一个刚毕业不久的女大学生来说，无疑也算得上是一件成功的事。

文力平是新盛镇银杏村的返乡大学生，毕业于成都中医药大学。2014年，还在读大三的文力平上了一堂关于《黄帝内经》的课，在课堂上，老师讲到了关于竹荪菌生长环境的知识，"当时听到老师给我们介绍竹荪菌生长环境的时候，我就一下子想到了我的家乡，我们那里有百里竹海，那里是竹荪菌适宜的生长环境。"

文力平告诉记者，大多数有知识有文化的青年都会选择留在城市里发展，而发展滞后的乡村却很难引进人才，大多数从乡村来到城市的青年更是不再愿意回到乡村去。看到这种现状她很感慨，她想用自己学到的知识反哺家乡，为家乡的振兴与发展献出自己的一份微薄之力。

于是，从那个时候起，她就萌发了这样一个念头：回到家乡去发展竹荪菌产业。因此，为了更好地学习竹荪菌的栽培技术，她专程去到四川蜀南竹海学习。

学成归来之后，文力平回到银杏村，利用空余时间与勤工俭学积累下来的几万块钱，开始在自家的3亩地开始种植竹荪菌。虽然一开始失败了，父母也极度反对，但她认真思考后选择了坚持下去。

2015年，她总结之前失败的经验教训，扩大了竹荪菌的种植面积。2016年，竹荪菌产量明显提高，有了近7万元的利润。同年，便有农户跟着她一起干，与此同时她也成立了自己的公司。2017年，公司竹荪菌线上、线下销售额近200万元，在大足、忠县、梁平共有示范性种植基地100余亩。其种植的竹荪菌销往浙江、成都、重庆、浙江、广州、上海、香港、内蒙古等省、市、自治区。

文力平说，虽然一路走来有着无数的不容易，但看到自己可以给更多乡亲带去致富可能性心里就很满足，这使她更加坚定了自己的决定——全身心地投入到乡村振兴建设中去，扎根乡村，让更多农民可以脱贫致富。

眼下，文力平的首要工作就是把竹荪菌种植技术推广给更多乡亲，拓展竹荪菌市场，扩大其影响力，做好乡村电子商务，让更多乡村的绿色健康产品走进城市，使竹荪菌成为百里竹海的一张名片、梁平的一大特产，进而成为地理标志性产品。

另外，这里的银杏村是全国生态文化村，有千年古银杏树群，也是百里竹海旅游度假区景点之一，依托这些资源，做到农旅结合，打造特色民宿，让乡村更美更有内涵，为百里竹海更添上了色彩鲜艳的一笔。

案例提示： 以普通的微生物——竹荪菌为重要的自然旅游资源进行推介，使景区更加具有特色，增加了知名度，为打造大规模的特色乡村旅游区贡献了重要的力量。

小知识

太岁

太岁又称肉灵芝，是自然界中非植物、非动物和非菌类的第四种生命形式，科学家称太岁是一种大型罕见的黏菌复合体，古时其被认为是长生不老的"仙药"。

第二节　乡村自然旅游资源的特点

一、地域性

各种乡村自然旅游资源既是乡村地理环境的组成部分，同时其形成和存在又互相影响和制约。随着乡村区域自然环境的变化，乡村自然旅游资源也存在着一定的区域差异，每处乡村区域都有属于自己的、不同于其他区域的自然资源。在不同的环境影响下，乡村的自然山水形成了不同的景观类型，有山地景观、峡谷景观、岩溶景观、丹霞地貌景观等。另外在不同的自然条件下乡村农业景象呈现不同的特征，如不同气候带形成了相应的农业带，有大规模连片的绿色农田带、多种类的经济果林、蔬菜园区、花山花海等特色景观。因此，乡村自然旅游资源存在显著的地域差异。

小思考

世界上不存在两座完全一样的山，对吗？

提示：对。任何山都有自己独有的特点。

二、天然性

乡村自然旅游资源是天然赋予的，其形成、形态、景观特征都是在一定的自然地理条

63

件下形成的，各种乡村自然旅游资源都分布在与之相适应的地理环境和区域环境中，带有强烈区域特征，是不可人工复制的，是天然的、独有的。这种在特定地域上形成的"古、始、真、土"，是与生俱来的，并具有城镇无可比拟贴近自然的和谐优势，为游客回归自然、返璞归真提供了优越条件。

小思考

经过人工仿造的景观是否也可以保持天然性？

提示：否。许多仿造的旅游景观，尽管应用了高超的技术，甚至做到了以假乱真，但它们仍然不可能与天然的真景实景的魅力相提并论，天然真实的景观所赋存的地质特征、地理气候等不可能被复制，所以即使技术非常高超，也无法弥补人工仿造景观天然性的缺失，其在游客心目中的感受也不像真景实景那样原汁原味。

三、多样性

我国地域辽阔，乡村自然旅游资源的组成既有自然环境，又有物质成分、非物质成分，内容丰富、类型多样。前文已从气候、水资源、地质以及生物等方面罗列了多种资源。既有看得见的山、水、石、洞、林等自然风光，又有看不见、摸不着的空气等气候资源；既有固定的自然景观，又有鲜活灵动的水资源、生物资源等。

小思考

乡村自然旅游资源都是可见的物质，对吗？

提示：错。有些乡村自然旅游资源以不可见的物质形态存在，如空气、环境温度等。

第三节 乡村自然旅游资源的价值与作用

一、价值

1. 生态价值
乡村自然旅游资源提供了自然生态，也为社会生态提供了基础，是形成乡村优势生态环境的重要资源。

2. 审美价值

乡村自然旅游资源一方面提供了良好的生态环境基础，另一方面提供了优美的乡村景观。对比城市已经高度社会化的自然旅游资源，乡村恬淡幽静的自然风光更加能够让人放慢生活的节奏，心情得到彻底放松，朴实乡野的自然色彩更加贴近人性，使其具有更自然化的环境优势。

3. 资源价值

乡村旅游重要的吸引力之一，是"回归自然"。乡村自然旅游资源，大多为优势资源，奠定了乡村旅游在自然环境上的优势，能够满足大众回归自然的需求。没有自然旅游资源，则无法开发真正的乡村旅游产品。因此，它是乡村旅游开发的基础资源。

案例

自然生态旅游资源，十分丰富，是进行民族文化与生态旅游的胜地

开觉是个村名，隶属于贵州省黔东南自治州雷山县西江镇，从西江向山里约需半小时的车程。开觉平寨与西江千户苗寨相距并不很远，就一山之隔，驱车也仅8千米而已。近两年来，随着游客的不断来访，已有一些顺口溜在传开，那就是"吃在西江、玩在开觉""开觉是西江的后花园"等。当你去到西江千户苗寨时，再驱车沿着西江至排羊的公路驶去，绕过一座山，便进入开觉了。

云龙洞，主要景点是深约百米的旱洞，洞内有洞，可上可下，犹如迷宫，洞外有一条清水河，常年流水。洞前地面平坦、开阔，山上植被良好。洞内乳石千姿百态，美不胜收。

宰荡侗寨位于贵州榕江县城东北，村寨四周古枫挺立，小溪潺潺，乡土田园风光，魅力独具。居于此地的侗族属于榕江侗族6大支系之一，这里的侗族建筑也很有特色，其中"干栏"楼房体现的是侗族传统的建筑风格。村中有座侗族鼓楼，建于清朝乾隆年间，外观雄伟，造型独特，为单檐歇山顶民居式木瓦结构建筑，楼高12米。

文斗苗寨位于锦屏县西部，距县城35千米，村寨坐东向西，坐落于青翠的半山上，前临滔滔清水江，后为碧绿的乌斗溪环绕，离寨不远有一处高达90余米的飞瀑，如诗如画。全寨居住着400余户苗家，民居均系木质吊脚楼。全寨掩映于参天古木之间，其中包括松杉、红豆杉、银杏、香樟和楠木。

晚寨侗寨位于贵州榕江县寨蒿镇的大坡上，自然生态旅游资源十分丰富，是进行民族文化与生态旅游的胜地。晚寨位于坡脚一条清亮的小溪边，小溪跌入寨脚的悬崖，摔成十丈高的瀑布奇观；山路沿坡脚一直延伸到坡顶，路面为青石铺就，一步一块青石，一石砌一级石阶，至山顶共有千级石阶，从对面山头望去，

石级路美丽无比。

西江古街就在西江千户苗寨景区内，这里是游人最集中，也是苗寨最商业化的区域之一，吃喝住行在这里可以轻松搞定，来西江千户苗寨，逛街看苗寨风景，到这里走走逛逛是必须的。

（来源：百度百家号 旅游的美丽心情 2019-02-22 https://baijiahao.baidu.com/s?id= 16261501273881980937）

案例提示：巧妙利用了洞、山、溪、坡等自然资源，奠定了特色乡村旅游的基础，形成更具生态优势和优美如画的乡村旅游产品。

二、作用

1. 奠定了乡村旅游产品的生态优势

乡村拥有更广袤的大自然环境，丰富多彩的自然资源使乡村更贴近自然，拥有城市无可比拟的生态优势。

2. 提升了乡村旅游产品的审美价值

由丰富的乡村自然资源形成的乡村环境没有经过系统的设计，烂漫山花、金色田野，没有强烈的人工雕饰痕迹，往往野趣十足，使人们在乡村旅游过程中处处能感受到自然之美，同时，优美的自然环境，也使得乡村的人文生活更加充满了诗情画意。

☆ 学习活动 2

乡村自然资源考察

活动目标：充分认知和理解乡村自然旅游资源。

活动时间：约 60 分钟。

活动步骤：

步骤 1：个人或小组进行一次乡村自然旅游资源考察活动；

步骤 2：根据条件，选定一个村落，进行完整的考察；

步骤 3：找出乡村自然旅游资源并鉴定其具体类型；

步骤 4：按照本书列出的乡村自然旅游资源类型，梳理资源的类型，并提交一篇考察报告。

活动提示：

注意按照本书介绍的乡村自然旅游资源种类进行寻找和鉴别；

注意容易被忽视的乡村自然旅游资源。

第四节 乡村自然旅游资源的直接开发

一、定义及对象选择要点

1. 定义

乡村自然旅游资源的直接开发是指将具备形成旅游产品条件的乡村自然旅游资源直接开发为旅游产品的过程。

2. 对象选择要点

乡村自然旅游资源类型多样，有的具备开发为旅游产品的条件，有的不具备开发为旅游产品的条件。其对象选择的要点可参考以下几方面。

（1）具有独特审美价值的乡村自然旅游资源

由于自然旅游资源的多样性，不同地区往往有一些具有独特审美价值的乡村自然旅游资源，可以直接开发为乡村旅游产品。比如，丹霞地貌就是一种独特的地貌景观，具有独特的审美价值，如图 2-1 所示。

图 2-1　丹霞地貌

（2）具有鲜明地方特色的乡村自然旅游资源

不同区域的乡村拥有不同地方特色的自然旅游资源，有些土壤、地形、树木以及一些农业表象都具有鲜明的地方特色，其可以作为很好的开发对象被打造，成为乡村旅游产品中的亮点。如雾凇，俗称树挂，是在严寒季节里，空气中过于饱和的水汽遇冷凝结而成，是非常难得的自然奇观，如图 2-2 所示。

图 2-2　雾凇

（3）具有特殊意义的乡村自然旅游资源

有一些乡村自然旅游资源在乡村的生活中有特殊意义，如菊花，如图 2-3 所示，盛开于秋季，人们习惯性地赋予它暗喻人生晚年之意，重阳赏菊也成为重阳节不二的选择。这些有特殊意义的乡村自然旅游资源可以被直接开发为乡村旅游产品，提升乡村旅游产品的人文价值。

图 2-3　菊花

二、目标

1. 依托乡村自然旅游资源形成能够产生市场吸引力和竞争力的旅游产品

乡村自然旅游资源的直接开发必须形成明确的、能用于销售的旅游产品，同时，要尽可能地具有市场吸引力和竞争力。

2. 自然型乡村旅游产品能够产生持续的经济效益

乡村自然旅游资源的直接开发必须使产品能产生可以量化估算的经济效益，否则开发的旅游产品就不会有持续发展的动力。

3. 乡村自然环境的优化和美化

乡村自然旅游资源的直接开发必须同时能产生使自然环境优化和美化的社会效益。

案例

莱州郭家店镇打造独特乡村旅游新亮点

9月8日，莱州市郭家店镇庵子村迎来了第四届马山巨发葡萄采摘节，"品美味葡萄，赏田园风光"，吸引了众多游客前来采摘、游玩。随着乡村旅游产业的兴起，莱州市郭家店镇马山巨发葡萄专业合作社也掀起了一股农家游热潮，他们抓住产业发展机遇，以美丽乡村建设为基础，依托葡萄种植和山水资源优势，打造独具特色的乡村生态旅游基地。

上午9时，全村男女老少欢聚一堂，迎接四面八方赶来的游客，精彩的文艺演出引得游客纷纷驻足观看。活动现场，种植户们将自家的葡萄摆上地头，引得不少游客驻足观赏品尝，纷纷采购。不少游客还走进葡萄园，亲手采摘果实，品尝美味。

"马山巨发葡萄专业合作社位于马山脚下，地理条件特殊，有小气候，是种植大田水果尤其是葡萄的好地方。今年，马山巨发葡萄专业合作社的葡萄种植面积将继续扩大，品种也更多样化，有巨峰、夏黑、红宝石、金手指、克瑞森、维多利亚等十多个品种，还获得了绿色食品证书。欢迎大家前来体验采摘乐趣，感受大自然之美好。"马山巨发葡萄专业合作社社长张克法告诉记者。"走过巨峰葡萄长廊，在蓝天白云的衬托下，感觉葡萄触手可及，还有这么精彩的节目，真不错。"市民刘晓云告诉记者，在微信上看到郭家店镇庵子村有个葡萄采摘节，就和家人一起开车过来了。"亲自在园子里摘葡萄，心情非常愉快，不仅度过了一个休闲的周末时光，还缓解了刚刚开学的压力。"刘晓云说道。据了解，本届葡萄采摘节持续一个月，以采摘品尝葡萄为主线，将开展一系列乡村旅游活动，展现郭家店镇优美的自然风光和得天独厚的旅游资源，打造独特的乡村旅游新亮点。

（来源：烟台日报 2018-09-14 http://www.shm.com.cn/ytrb/html/2018-09/14/content_3343338.htm）

案例提示： 利用独特的地理和气候条件，在适宜种植葡萄的地区直接开发葡萄资源，形成具有明显吸引力和竞争力的乡村旅游产品，创造良好的经济效益，成为乡村旅游发展的新亮点。

三、原则

1. 市场原则

市场原则即必须能够符合乡村旅游消费市场的需求。任何优秀的乡村自然旅游资源，只有符合乡村旅游消费市场的需求，才能受到市场的关注，使乡村旅游产品开发获得成功。

2. 策划原则

策划原则即必须通过市场、资源、产品特色、开发途径等一系列的分析，确定乡村自然旅游资源开发的内容，形成乡村旅游产品的完整策划。不经过策划形成的乡村旅游产品具有盲目性，在市场运营中是有巨大风险的。

3. 效益原则

效益原则即乡村旅游产品必须能产生经济效益，如果只有"热闹"，没有明显的经济效益，那么开发的乡村旅游产品将不会有持续的发展。

案例

乡村振兴不是盲目开发乡村旅游（节选）

谈到乡村振兴战略，在最近的调研中发现，全国 2 000 多个县中，绝大多数都把发展旅游业作为了乡村振兴战略的重要一环。

专家也频发警示：只有 5% 的农村具有赚取城市人"乡愁"钱的可能……仍然挡不住各地投资乡村旅游的"滚滚热浪"。

通过发展乡村旅游促进乡村振兴的正确操作是什么？今天就和大家聊聊乡村旅游发展的 6 大建议。

1. 正确认识乡村旅游开发的现状与前景

乡村不仅是一个生产粮食的地方，还是一个离大自然最近，可以医治现代工业文明创伤的地方，这正是乡村旅游"热浪滚滚"的原因所在。乡村建设专家孙君因此认为"乡村是未来中国的奢侈品"。不过，并不是所有的农村都适合发展乡村旅游，武汉大学教授贺雪峰分析认为，全国农村最多只有不足5%的农村具有赚取城市人"乡愁"钱的可能。

哪些乡村能够成为上面讲的5%？

一是资源禀赋好的乡村，要么有名山大川等景观资源，要么有稀缺性、唯一性的生态资源；二是具有地理区位优势的乡村，比如位于都市圈环城休闲带的乡村。

如果不具备资源与区位方面的优势，大部分乡村的旅游业发展基本只能成为上面讲的95%，很可能会亏钱。

2. 重视乡土人才在乡村旅游策划中的作用

目前乡村旅游开发过程中，重规划轻策划的现象十分普遍。很多地方领导一提搞旅游，就想到请一流的规划公司和知名的旅游设计师。

去年，有一篇文章在网上流传很广，文章认为90%以上的旅游规划院都不懂旅游，99%的旅游规划都是抄袭模仿的平庸方案。这些数据的权威性尚待考证，观点也过于偏激，但它从一个侧面反映了学院派旅游设计师在乡村旅游的策划中存在某些先天不足。

最近二十年间，各地打造了无数乡村旅游项目，但真正成功的项目不多，成为全国乡村旅游典范的更少。成功的项目几乎都不是出自专业旅游规划公司和旅游设计师之手，而是由当地土生土长又见过世面的能人干成的。

例如，乌镇从一个破败的小镇变成一张国家名片，年接待游客近千万，旅游收入4.5亿元。这一成功主要源于乌镇能人陈向宏，他是乌镇本地人，在大学里学过机械，以前是桐乡市政府的一名干部，后下派到乌镇工作。

"关中第一村"袁家村、"浙江最美村庄"何斯路村，这两个村的乡村旅游都是村支书带领村干部边摸索边干出来的，他们分别是郭占武和何允辉，这两个人的共同特点是早年在外做生意，成功后返乡当村支书，把多年在外闯荡的经历变成当地旅游开发的智慧。

相反的情况是，很多动辄投资数亿元、十几亿元、交由一流专业旅游规划公司打造的乡村旅游项目，却难逃失败的命运，这方面的例子俯拾即是。

今后乡村旅游开发工作中，应该重视乡土人才在旅游策划中的作用，尤其要重视那些土生土长、成年后长期在外闯荡的能人。这些人既了解乡村的情况又见多识广，他们最有可能策划出乡村"独有"的原创景点。当然，在这个过程中并不能忽视专业人士的意见，可行性分析、具体的项目建设等还是需要由专业设计师完成。

3.坚持"把农村建设得更像农村"的理念

过去十多年来，由政府主导的新农村建设的理念和模式一直是"建城市一样的房子，过城里人一样的生活"，这导致了新农村建设普遍存在"单一性、城市化、千村一面"等问题。进行乡村旅游开发，就必须转变这一理念，甚至要颠倒这一理念，坚持"把农村建设得更像农村"。

怎么样的农村才像"农村"？"望得见山，看得见水，记得住乡愁"便是。什么是乡愁？就是老家的味道、奶奶的味道、妈妈的味道。

习近平总书记说，乡愁就是你离开这个地方会想念这个地方。

"把农村建设得更像农村"的首提者孙君对此有一套说法："不靠路（建房）、不填塘、不劈山、不占田、不砍树""让垃圾不出村，让污水不入河""树上有鸟、河里有鱼、地里有虫""让年轻人回来，让鸟儿回来，让民俗回来""不当旁人，不当闲人，不当懒人，争取主人"。

未来乡村建设中，要坚持"把农村建设得更像农村"的理念，坚持"最小的人为干预、最大的原乡体验"，依托村庄传统，尽可能保留村庄原有肌理，不进行大拆大建。尽量采用当地的建造材料，充分挖掘村内的旧材料，通过新旧结合，废物换新颜。保留和改造好老房子，赋予其新的生命。尽可能保留各个历史时期的建筑，使之并存于一个村庄，增强村庄的历史厚重感。

4.用"倒行逆施"的方法保住乡村性

找一处古朴雅致、安宁惬意的乡村小镇来静静地享受"慢"生活……这是很多人放弃名胜古迹、海滩别墅或者享誉国内外的名景，而选择乡村旅游的重要原因。

遗憾的是，现在很多乡村发展旅游，动辄投资几个亿甚至十几个亿，却是为了追求"高大上洋"，犯了方向性错误。而且模仿之风盛行，一个乡村的旅游发展得好，大家都跟着学。如陕西袁家村通过打造小吃街发展乡村旅游成功后，全国很多地方都在复制袁家村，光陕西省就有几十个，但是几乎都没有复制成功。

"考察、学习、模仿"三板斧在其他行业行，在旅游行业不行，因为你的景区只有跟其他景区不一样，才能把游客吸引过来。搞旅游是变量策划，完全无例可循，每个乡村旅游项目都必须是原创的。

打造高度原创作品，必须在项目的策划、规划和施工等各个环节，采取超越常规的、与众不同的方法，这个方法就是孙君一贯倡导的乡建方法，笔者称之为"倒行逆施"的方法：去符号化、去标准化、去形式化、去设计化、去行政化、去园林化、去城市化等。只有这样，建设出来的景区才会有"乡"和"野"的感觉，才会有"采菊东篱下，悠然见南山"的意境。

5.以诚恳的态度对待仿古建筑

农村传统民居是农村历史文化遗产的重要组成部分，具有很高的建筑艺术、历史文化、社会风俗与景观审美价值，是乡村旅游最重要的资源之一。

由于传统民居建筑越来越少，大量仿古建筑的出现就成为必然。

在建设仿古建筑时，很多景区缺乏诚恳的态度，不进行认真考证，随意拼凑、粗制滥造等现象随处可见，最后搞成四不像、不伦不类，游客直呼"太假"，甚至产生了"不去会后悔，去了更后悔"的感觉。一些地方搞假丽江、假袁家村、假威尼斯、假泰晤士就更糟糕了。

乌镇的操盘手陈向宏在介绍乌镇经验时，向大家讲了一个故事：

"我刚到乌镇不久，当地一个老百姓给了我一张台湾的《中国时报》，一个叫木心的人在报上写了一篇文章，说的是1985年他从美国回到阔别已久的乌镇，乌镇的衰败给他留下了绝望的印象。他在文章的结尾写道：'永别了！我不会再来。'这句话一下子刺痛了我。木心是出生于乌镇的一位文化老人，曾经在上海工作过，55岁时去了美国。我们通了整整5年的信，我根据他的回忆把他的祖屋按照原来的样子重建。2005年，木心先生从美国回到乌镇，我陪他看了改建后的乌镇，他非常高兴，说我决定回来定居了。木心先生去世以后，我在他的遗稿中发现了一封信，信中他说：'乌镇复兴的成功还在于没有假古董之感，这是诚恳，对历史与传统的诚恳。乌镇经得起看，足见其诚恳之深。'"

"乌镇经得起看，足见其诚恳之深"，这就是乌镇成功的奥秘！乡村是有尊严的，乡村文化更是有尊严的，我们不能用实用主义的态度对待农村文化。乡村建设过程中，建设仿古建筑必须踏实地模仿，设计、材料、施工等所有环节都要非常讲究，精益求精，不放过任何一个细节，这样做出来的东西才经得起看，才会有味道。

6. 还政于村和还权于民

在农村开展任何一项工作，都离不开村支两委的支持，更离不开当地农民的积极参与。

纵观各地乡村旅游开发模式，"政府玩、农民看"是一种，"老板玩、农民看"是另一种。前者是典型的政绩工程，后者则是老板既不懂旅游，更不懂乡村，这两种模式很大可能将功败垂成。只有"政府、企业、农民一起"，形成良性共生发展模式，乡村旅游的开发才有可能成功。

乡村建设不是以工程建设为主，也不是以扶贫帮困为主，而是实行系统性的修复与全面自治，要还权于村支两委，让村干部拥有话语权，说话算数，实现村干部责任权利的对等。乡村建设不能以设计师、政府和专家为主体，一旦不以农民为主体，项目注定失败。

陕西的袁家村，没有名胜古迹，也没有独特的自然资源，通过打造民俗小吃一条街，每年吸引游客300万，年营收超过10亿元。有什么秘诀？袁家村支书郭占武说："农村的事谁来做？农民的事要靠农民自己做。"

（来源：搜狐号 中国农林科技网 2018-06-11 http://www.sohu.com/a/233922909_764974）

案例提示：在乡村自然旅游资源开发中，不顾市场，主观臆断、不做研究，盲目开发、跟风投资、不计成本是现实大害。缺乏创新和特色的旅游资源开发终究是没有市场竞争力的，注定是失败的。

四、方法

1. 奇绝制胜

奇绝制胜是利用具有神奇、绝妙特性的乡村自然旅游资源，形成能够强烈刺激旅游市场的乡村旅游产品的方法。

案例

河南这些绝美古村落，有的挂在悬崖上，有的藏在地底下

很多人心中都藏着个古镇梦，青石小巷、烟雨迷蒙、朱阁飞檐，如同是儿时的记忆，在脑海里挥散不去，触摸着悠久的历史，脚踩岁月的痕迹，总能给人一种慰藉与力量。

河南这些绝美古村落，不输凤凰和乌镇，你去过几个？

郭亮村隶属于河南省新乡市，依山势坐落在壁立千仞的山崖上，地势险绝，景色优美，以奇绝水景和绝壁峡谷的"挂壁公路"闻名于世，又被誉为"太行明珠"。郭亮村地处山西和河南两省交界处的密林山中。这里秀峰突兀，石径崎岖，红、白龙溶洞深邃，喊泉银瀑悬壁。这里有着泰山的巍峨、华山的险要、嵩山的挺拔、黄山的秀美，原始荒古，真实自然。郭亮村以秀美山岭、独特的石舍而闻名，更以其周围独特的自然风景吸引着旅游者。郭亮洞现称绝壁长廊，长1 200米，洞顶是嶙峋的怪石，开凿时留下的支撑廊顶的天然石柱，形成了崖下的"照明窗口"，日本人赞誉其为"世界第九大奇迹"。

在三门峡市有一座村庄叫北营村，其地下的地坑院落则显得十分静谧。站在地坑院落中抬头仰看，一方天地，日走云迁，岁月匆匆；环视院落，烟熏火燎，质朴自然。

临沣寨原名水田村，位于河南省平顶山郏县堂街镇境内。"柏水经城（宝丰）北复南，丰溪自香山东北流入郏境，至水田村。一由村南而北，一由村北而东，环村一周，复东北至石桥入汝"，因村在二水之间，故称"水田村"。因红石而得

名的临沣寨，是全国罕见的保存完好的古寨，临沣寨又名红石寨、朱洼寨，是国家文物局公布的第二批中国历史文化名村。这里有雄伟的红石寨城墙、潺潺的护寨河以及保存完好的古宅，有"中原第一红石古寨"之称。

泰山村是河南省旅游特色村、生态村，是郑州新乡村建设的示范村。它位于郑州南大学城龙湖镇境内，距郑州16千米，距新郑国际机场仅10余千米，大学南路与山门交汇而过，交通十分方便。泰山村将以餐饮、旅游、娱乐、文化、会务、拓展于一体打造大型原生态景区！

民权村地处巩义市大峪沟镇南部山区，是典型的山区乡村。在景区内还坐落着中原第一古刹慈云寺，该寺院距今已有近两千年的历史。古老的原始森林、优美的山水风光、丰富的佛教文化是民权村得天独厚的旅游资源。如今，青龙山风景区已经初具规模，基础设施也在进一步完善，并带动了第三产业的发展，先后建成数家农家乐。

郝堂村位于河南省信阳市平桥区五里店办事处东南部，西边紧邻浉河区，南边与罗山县接壤。郝堂宏伟小学由中国乡村规划设计院的孙君老师设计，整体白墙青瓦，较好体现了豫南建筑特色。岸芷轩由台湾设计师谢英俊设计建造。它采用轻质钢架，由木材、泥土、芦苇等这些乡村随处可见的材料做成。由于减少了混凝土的使用，所以也极大降低了对环境造成的污染，体现了保护生态、可持续发展的特点，而且施工技术简单，易操作，易整修。

始建于清代嘉庆、道光年间的孟津县朝阳镇卫坡村（又称魏家坡村）是"中国美丽乡村"创建试点村、中国传统村落、河南省历史文化名村、河南省重点文物保护单位，村内的古民居是目前豫西地区最大、保存最完整的清代建筑群，具有较高的历史文化和开发利用价值。已开工建设的卫坡村"中国传统村落暨美丽乡村"文化旅游项目，占地1300亩，总投资约15亿元，包含以魏紫花园为主题的文化旅游开发、以仿明清风格建设的历史名村商业开发，特色村民安置院落风格独特，集文化、旅游、休闲、养生于一体，将成为洛阳新的旅游文化名片。

（来源：搜狐号 雪灵谷自然地理 2018-07-11 http://www.sohu.com/a/240393122_99945595）

案例提示：利用"挂在悬崖上的村庄""藏在地下的村庄"等具有奇绝特色的资源，开发具有一定震撼性的乡村旅游产品。

2. 特色制胜

特色制胜是在乡村旅游产品的比较中寻找资源的独特性，以及产品表现方式、风格、运营等方面的独特个性，形成特色鲜明、对市场有明显吸引力的乡村旅游产品的方法。

看各地乡村旅游如何打造特色

据中国乡村之声《三农中国》报道，清明时节，春暖花开。熬过了一个冬天，很多市民都会到郊区、到乡村转转，爬山踏青，赏春色。而相反的，农民朋友不是在忙着春耕备耕，就是在操持着农家乐。

以花为媒、以节造势，四川泸县周边不少乡镇以赏花为主题的乡村游这两天就特别火爆。

走进沙田坝油菜花地，一垄垄、一片片金色的油菜花映入眼帘，空气中弥漫着淡淡的清香。不少游客慕名前来观赏，置身于花海中，他们纷纷拿出手机、相机拍照留念，与大自然亲密接触，感受着春的气息。

游客曾燕：听说这里的油菜花特别漂亮，所以我就跟我朋友过来拍几张照片，还带了几套衣服换着拍。

沙田坝新村点位于四川泸县太伏镇永利村的长江之滨。据了解，从2014年开始，太伏镇依托得天独厚的地理优势，对沙田坝进行了"旧村落"改造，并将其打造为全国乡村旅游示范点。该示范点主要以龙眼产业为主，目前有万亩龙眼基地、千亩蔬菜基地、千亩油菜花基地，同时大力发展农家乐，加强配套设施建设，从而吸引更多的游客前来观光旅游。

泸县太伏镇永利村村主任章波涛说："下一步我们将扩大规模，多引进品种，增强基地的观赏性。在周边的附属设施上面，进一步改造升级，对周边的农家乐进行专业培训，还有就是把沙田坝新村打造成全国乡村旅游示范点进行宣传。"

在距离沙田坝不远的江阳区黄舣镇马道子村，"梯步"式种植的油菜花田如今已陆续开放，一簇簇、一片片、一朵朵金灿灿的油菜花，漫山遍野，美不胜收。

游客马秀遐说：油菜花确实开得很好，有不同的颜色，黄色、白色，一大片，听说这里是泸县最大片的菜花地。那边还有河滩地，又可以烧烤，是出来旅游不错的选择。

黄舣镇马道子村探索创新了"新村聚居＋现代产业＋公共服务＋旅游文化"四位一体的发展模式。新村聚居规划占地150亩，配套打造3 000亩现代农业产业区。不仅种植了油菜花和各种无公害蔬菜，还有蘑菇培育基地和垂钓区。游客们可以到新村看自然风光、吃农家饭、体验采摘乐趣、观光休闲游玩。马道子村党总支书记杨祖全告诉记者，油菜花的花期大约有两周的时间，清明节假期正是花开最盛的时候，将会迎来游客高峰。

杨祖全：本周我们的油菜花景区会陆续开放，欢迎广大朋友到我们这个地方来赏花，然后顺便可以购买我们新鲜的蔬菜回家，并且在我们的聚居点，还有农家乐会陆续地开放，欢迎广大的游客到我们这地方来观赏。

今年是泸县兆雅镇石龙村薛世兰种植桃树的第四个年头，桃树去年已经开始挂果，并有了一定的收益。在尝到甜头后，薛世兰想在桃园内开发采摘休闲游的热情更加高涨。她将更多的精力投入到了桃园，逐步加强园区配套设施建设，从而吸引了更多的游客前来观光旅游。

世兰香桃李采摘园负责人薛世兰：现在我们已经有了一个可以经营餐饮的农家大院，另外还养殖了土鸡土鸭，下一步我们还将进一步改善桃园的基础设施，把旅游观光做得更好一些，这样来带动我们整个兆雅农业经济的发展。

如今在城市生活久了，人们就会重新怀念起乡村的淳朴自然的美好风光，红花绿草，黛瓦白墙。特别是在春天，春景能给人以生机勃勃的感觉，让人不禁心情舒畅。

乡村旅游发展起来以后，带给农民的是实实在在的财富。不管是2017年中央一号文件，还是今年全国两会上的政府工作报告，都对乡村旅游进行了浓墨重彩的描绘。这里有两组数据。第一组数据是农业部的统计，2015年全国休闲农业和乡村旅游接待游客超过22亿人次，营业收入超过4 400亿元，农民从业人员630万人；第二组数据是来自国务院扶贫办和国家旅游局，"十二五"以来，我国通过乡村旅游带动了10%以上贫困人口脱贫，人数达1 000万人以上。据测算，我国12.8万贫困村中至少一半具备发展乡村旅游的条件。

蓝天碧水，黛瓦白墙，听起来很美，但是如果一出门，到哪儿都是一样的风景，也许就审美疲劳了。

村旅游主打自然牌、风景牌，然而同质发展始终是困扰着乡村旅游发展的问题。如何突破千篇一律的旅游模式，用不同的思路来致富？这里列举一些小例子，希望对大家有所启发。

坐拥海洋资源的三沙市，其市委书记肖杰是这样说的：最近我们在开展培训班，培训渔民能成为潜水的教练员、帆板的教练员，让老百姓可以转产转业，增加收入；同时进一步保护生态环境，为旅游提供更多的旅游品种，市里成立了三沙旅游公司，想通过旅游公司来规划、发展三沙的旅游，让它更加规范，也开拓更多的旅游产品，让渔民来开展渔家乐。

三沙市有得天独厚的海洋资源，所以渔民都开始当上了潜水教练。如果没有这么独特的自然资源，怎么办呢？再看看浙江的农民朋友是怎么发掘新亮点的。

横山坞村位于浙江安吉，安吉这里的自然风光非常好，李安导演的电影《卧虎藏龙》曾经就在这里取景。但是村村都吃"生态旅游"这张牌，竞争压力陡增。以前这里也是农家乐的路数，吃了亏之后，当地开始走特色发展之路了。

记者：在打造乡村旅游过程中遇到的困惑，您觉得现在解决了吗？

横山坞村村委书记陆勇：横山坞村找到了自己的一条发展道路，引入基金来打造旅游业态。我们现在第一期引入两个亿，包括艺术家文创的基金投入两千万，政府和村都会入一部分基金的股份。具有逼真的3D画和VR虚拟现实体验区，是横山坞村的一大特色，再加上一些非遗产业的聚集、一些特色餐饮、吃住导购游以及依山而建的民宿，现在我们整个村子发展成为一个旅游景区的要素都具备了，准备在今年的6—7月开工建设，到2018年下半年能够建成运营。

现在光是在村民房屋外墙上的3D壁画，每年就会吸引无数年轻人去拍照。随着各种资本和基金的进驻，安吉的这个小村庄会越来越有自己的文化魅力。

如果既没有得天独厚的自然资源，也没有什么文化潜力可挖，只有千篇一律的油菜花田，怎么办？来看新疆伊犁是怎么解决这个困惑的。

在4月1日开幕的第八届新疆·伊犁杏花文化旅游节民族特色美食展上，由新疆烧烤大师莫明·吾甫尔用馕坑烤制6个小时的250千克重的烤牦牛新鲜出炉，引来各地游客纷纷点赞。

据了解，这头250千克重的牦牛由新疆烧烤大师莫明·吾甫尔和他的徒弟们用吊车吊入馕坑，加以柴火和红柳做燃料进行烤制，共用去100个鸡蛋、2千克孜然、20千克玉米粉等辅料。莫明·吾甫尔凌晨起开始腌制牦牛肉，大约腌制了7个小时。莫明·吾甫尔介绍说："早晨7点钟放到馕坑里烤，现在6个小时了，已经熟了。"

莫明·吾甫尔是新疆巴楚县人，家族四代从事烧烤事业，被誉为新疆烧烤大师。他在乌鲁木齐举行的2014丝绸之路国际食品展览交易会暨第四届中国清真美食文化节上烤出一峰重600千克的全骆驼，成功申报创上海大世界吉尼斯纪录。2015年4月，他首次将巨型馕坑带到了正在伊宁县举行的第六届新疆·伊犁杏花旅游节上，烤出了250千克重的牦牛，让各地来游览的游客大饱口福。

来自陕西汉中的游客吴涛排队等待了半个多小时才买到了烤牦牛肉，第一次吃也感到很新鲜。陕西汉中游客吴涛：我觉得，第一这是民族的一个特色，第二是我看到这么多人在这买，我想这个也挺好吃的，我就过来买点尝一尝。

对于第三次参加新疆·伊犁杏花旅游节，莫明·吾甫尔也是信心满满，烤牦牛从一出炉，就被游客们围得水泄不通。

莫明·吾甫尔告诉记者：我准备了12峰骆驼、10头牦牛、70头羊、1吨半鱼、1000只鸡，应该会有好的收入。

这是在杏花节的基础上，用烤牦牛这个亮点来吸引游客，也就是"旅游+"的概念。虽然杏花节、油菜花节遍地都是，但是在此基础上再找个深度项目，游客赏完了花，再去吃烤肉，产业链就长多了。

安徽含山县第四届采茶节，4月1日开幕。把特色包装成"节"，也是很多地方的成功经验。

本届采茶节现场活动精彩纷呈，吸引安徽合肥、江苏南京、浙江杭州和上海等周边城市近万名游客前来游玩观光。相继举行了春茶开采仪式，身着传统服装的茶姑在茶园里采摘新叶，当地非物质文化传承人手舞红黄两条"巨龙"在茶园里游走祈盼风调雨顺、春茶丰产、茶农增收。这几天当地还进行了丰富多彩的茶文化表演，茶歌、茶舞、旗袍走秀，还有采茶、炒茶体验，丰富游客游玩内容。目前含山县拥有万亩茶园，其中包括有机生态茶园6 000多亩，可年产春茶1.5万千克以上。当地通过举办采茶节、旅游节和老鹅汤美食节三大节庆活动有效推介了当地优质农特优产品，促进乡村旅游和农旅融合发展。

（来源：央广网 2017-04-03 http://country.cnr.cn/focus/20170403/t20170403_523690940.shtml）

案例提示：各乡镇要找到属于自己的特色旅游资源，并应用"旅游+"的概念，延长产业链，走出独特的乡村旅游发展之路。

3. 创新制胜

创新制胜是通过创新，对现有的乡村旅游资源进行梳理和提升，使其拥有更丰富的创意和内涵的方法。开发过程中应注重新技术的应用和市场需求的满足，提高服务意识，给旅游者提供耳目一新的体验感知，形成创新的乡村旅游产品。

案例

山东沂源：创新旅游文化带动乡村剧变

"四野瓜果绿茫茫，中间石墙红瓦房，美丽乡村有创意，幸福就在柳舍藏。"山东省沂源县东里镇下柳沟农民东维英写的这首诗，道出了村民对村庄巨大变化的欣喜。

小桥绿柳、水景满园、石磨石屋、酒吧吉他，如今的下柳沟村，古朴而清新，和以前的破路、老村、穷家形成鲜明对比。

下柳沟村党支部书记申士文满脸笑容地说，村里打造的"田园柳舍"乡村旅游项目，前期共12个小院子，自去年10月1日试营业以来已有20多万元的利润。

看山、望水、忆乡愁，下柳沟村这个沂蒙山区的小村庄，之所以能变得如此有吸引力，在申士文看来，多亏了村里的"签约设计师"江秀海。

江秀海，同是东里镇人，一头长发，村里人都称他为"艺术家"，美术装潢专业出身的他此前多年在北京、天津等大城市从事设计、装修工作。一次偶然的机会，他得知下柳沟村有意发展乡村旅游，眼光敏锐的他意识到乡村发展的新机遇。

"以前都是离乡创业，现在家乡发展的新机遇吸引我回来了，在这里有了用武之地。"江秀海说。在很多人眼中，"美丽乡村规划"不是发展采摘就是庭院改造，没意思，但在他看来，这是世上最美的一件事。

"在村里住下，听白发老人说村里的趣闻轶事、过往传奇；画上几百张手绘图，书桌、墙面、吧台，把每个景点设计成梦想中的样子，然后看着它一点点实现……"午后阳光下，江秀海诉说着自己对美丽乡村的理解。

对村民来说，江秀海的情怀承载着他们对美好生活的向往。写打油诗的东维英，原先在外地打工，当听到村里要发展乡村旅游，主动把自己的房子腾出来入股，她说："在家门口上班领工资，日子踏实、心里高兴。"

申士文和江秀海都觉得乡村发展进入了新时代，他们也有了更大的规划。村里的40户精品民宿、人工花海、休闲水塘、土法酿酒窖洞、农事体验园等项目都在筹划建设中。

乡村换新貌，村民笑开颜。许多村民说，现在路好了、村子漂亮了、村民收入提高了，在外上大学的孩子假期都领着同学来参观，在"朋友圈"里晒家乡美景。

在沂源县，凭借山好、水好、林好、果好等优势，洋三峪旅游度假区、双马山旅游度假区等一大批乡村振兴项目正在快速兴起。

（来源：搜狐号 国梦之媒 2018-09-01 http://www.sohu.com/a/251348515_100136698）

案例提示：以乡村古朴文化为基础，通过系统创新设计，赋予原来平凡的小村庄以诗情画意，打造了"田园柳舍"这样的创新旅游品牌产品。

第五节　乡村自然旅游资源的综合利用

一、定义及对象选择要点

1.定义

乡村自然旅游资源的综合利用是指将不具备直接形成旅游产品条件的乡村自然旅游资源进行因地制宜的调整和利用，使之成为旅游活动的环境和背景要素。

2.对象选择要点

乡村自然旅游资源中有很多类型不具备直接开发为旅游产品的条件。一般情况下，对不适宜直接开发为旅游产品的乡村自然旅游资源，可以对其进行综合利用，形成良好的环境或背景资源。乡村自然旅游资源的综合利用对象选择要点主要可参考以下几个方面。

（1）虽然缺少独特性，但是有审美价值的乡村自然旅游资源

一些乡村自然旅游资源虽然缺少独特性，但是具有一定的审美价值，如乡村普通的山川河流等，大多数没有鲜明的独特性，难以直接成为吸引游客前来观赏的资源，但是，它们仍然有审美价值，可以在乡村旅游产品开发中对其进行综合利用，如图2-4所示。

图2-4　远山近水衬托农田，形成美丽乡村画面

（2）可以与地方人文特色良好融合的乡村自然旅游资源

一些乡村自然旅游资源可以与地方人文特色良好地融合，如渠、溪、池、塘等资源，虽然不能开发成有强大吸引力的产品，但是如果与江南乡村的水乡特色相融合，就可以很好地被综合利用，如图2-5所示。

图2-5　小河无名，却带来江南水乡韵味

（3）能形成良好生态环境的乡村自然旅游资源

一些乡村自然旅游资源，如洁净的空气、无污染的溪流、野生的山林等，可以提供较好的自然生态环境，在乡村旅游养生类产品的开发中，能够得到很好的综合利用，如图2-6所示。

图2-6　海南乡村的生态环境

二、目标

1. 能够烘托提升旅游产品的市场价值

乡村自然旅游资源的综合利用主要是通过旅游氛围烘托提升旅游产品的品质，从而提升旅游产品的市场价值和竞争力。

2. 能够使游客对环境或背景产生吸引力，间接带动旅游活动的经济效益

对乡村自然旅游资源的综合利用要精心加工和利用乡村环境或背景，虽然环境或背景不直接产生经济效益，但是可以间接带动乡村自然旅游资源经济效益的提升。

案例

乡村美景入画来　依托优势资源打造仪陇乡村旅游基地

"这个地方是'红色文化'主题广场，也是杏树、柑橘种植区，种植了100亩杏树、500亩柑橘；这边是生态荷塘，那边是婚纱摄影基地，再那边是康养中心，靠近G245国道那里将建一个大型的停车场……"8月23日，站在仪陇县新政镇马桑垭村的山梁上，仪陇县绿源金地农业开发有限公司负责人谭成红介绍：我们将以山为境、以花为魂、山水共生，依托优势资源打造乡村旅游基地并取名为"爱情海乡村旅游康养产业园"。

借助乡村自然资源　打造乡村旅游景区

马桑垭村距县城 0.8 千米，幅员 3.2 平方千米。这里植被茂密、郁郁葱葱。有水域 300 余亩的马桑水库，蜿蜒的水渠包围着该村，山水相间，形成了一个优美的乡村美景，优秀的自然资源为全面打造乡村旅游景区提供了优势，良好的生态优势也为产业优势提供了保障。

谭成红跟记者说："我们流转了大东山、马桑垭、林家沟村等 10 个村万余亩土地，采取'公司+农户+合作社'的方式运作，种植青花椒 5 000 亩、猕猴桃 100 亩、果桑 200 亩，养殖了 4 000 只土鸡。今年，青花椒已开始采摘了；明年的春天，这里将是一遍花海。在这里，可以春赏花、夏观绿、秋采果、冬品韵。"

引进能人返乡创业　推进美丽乡村建设

村主任李德春告诉记者：村里有 10 个小队，村里的年轻人都出去打工了，家里都是些年纪大的老人们，有的队只有七八个老人在家里，土地撂荒情况严重，有 80% 的土地无人耕种。鉴于此情况，经村委会商量，决定引进业主发展本村经济，解决土地撂荒问题。村委会把目光聚集在从村里走出去的几个有成就的村民身上。

谭成红是马桑垭村人，今年 45 岁，自 1996 年起就在上海、北京、广东等地从事建筑工程行业，有所成就。本人也想回到家乡发展，当村委会找到他时，一拍即合。他随后联合本村和外地有创业意愿的朋友，成立了绿源金地农业开发有限公司，立足于农业，开发乡村旅游资源，整合撂荒土地万余亩，规划建设 6 000 余亩的乡村旅游康养产业园。

谭成红认为，现在国家大力倡导发展乡村旅游业，这是一个好的机遇；但是，按照传统的观念肯定不行，必须要转变观念，发展特色经济，发展乡村旅游业，才能吸引农民工返乡就业，增加农民收入。

推进三大项目　为乡村旅游发展注入新活力

经过集体商议，谭成红决定走"突出特色、错位发展"的路子，把"风景"变成"产业"、将"美丽"转化成"生产力"，重点打造集生态休闲、乡村度假、餐饮娱乐、农事体验等于一体的乡村旅游目的地，形成生态环境优美、设施服务配套、文化传承深厚、产业特色鲜明的乡村旅游新格局。

第一大项目是发挥生态产业优势，发展观光产业。谭成红表示，我们已经投入 2 500 多万元新建 14 千米旅游线路路基；对 2 000 多亩土地进行整理、调型；栽植各类名优果树 1 900 亩，打造以马桑垭村为核心的瓜果休闲观光体验区。

第二大旅游项目，投资 2 300 多万元在长里扁、柏林、夹马石等村建立 5 000 余亩的九叶青花椒脱贫奔康产业园，2018 年初见成效。在大东山、马桑垭、林家沟村成片栽植猕猴桃、桃、李、梨等名优果树 130 000 余株；以产业养产业，为打造乡村旅游景区注入新的活力。

第三大旅游项目，新建荷鱼共生区 100 余亩，养殖鲫鱼、草鱼、鲤鱼、鲢鱼等，用于垂钓。下一步将建水上游乐场，可以游泳、水上冲浪，还有室内温泉。同时，建一个可以容纳 1 000 人的康养中心及观光酒店，利用大东山的红色资源打造"红色文化"主题广场。已聘请业内专家编制完成《爱情海乡村旅游康养产业园总体规划》。

谭成红介绍，下一步，今年 10 月将投资 8 000 万元建设景区艺术大门、水上游乐场（280 余亩）、户外拓展训练基地（1 100 余亩）等 8 个项目。同时进行招商引资，在政府的扶持和帮助下加快各景区基础设施建设，计划 2019 年 5 月部分项目开园。未来马桑垭村将保留原生态特色，在 3 年内完成打造集生态休闲、城郊游憩、乡村度假于一体的乡村旅游基地。

新政镇副镇长王俊表示：发展乡村旅游，既能推动农业和旅游业的融合发展、转型升级，又能起到以旅助农、以城带乡的长效作用，镇政府会大力支持。

（来源：四川新闻网 2018-8-24 http://nc.newssc.org/system/20180824/002491508_2.html）

案例提示：以山为境、以花为魂、山水共生，依托优势资源打造乡村旅游大背景，对区域资源做了比较好的综合利用。

三、原则

1. 衬托原则

综合利用的资源，不是开发产品的主体资源，因此，不可喧宾夺主，要放在辅助的位置上，发挥其衬托作用。

2. 生态原则

综合利用的资源，大多数与环境相关联，因此，一方面要充分发挥其生态优势，另一方面要遵循生态规律，不能损害生态环境。

3. 文化原则

乡村旅游产品是有浓厚的民俗文化内涵的，因此，要按照民俗文化的主旋律综合利用各种乡村自然资源，使其能突出民俗文化，烘托人文主题。

案例

山清水秀美如画　军营村、白交祠村利用自然资源做旅游经济

军营村和白交祠村，是大地抒写的诗经。

风，是藏在百丈崖的险，吹散了经年累月的云雾，吹开了壁立千仞的壮丽。

四面环绕的山体几近垂直，诠释了悬崖绝壁的意境。百丈崖虽绝险，却又格外柔情。日出东方，郁郁葱葱的树木覆在崖上，像一袭华美的袍，藏尽了悬崖峭壁凌厉的气息；日落时分，层林尽染，夕阳透过山坡上的芦苇花，又在旅人的眼眸里，投下一抹橙红。

雅，是镶嵌在七彩池的美，像极了眉目含情的女子，眸子里映着夹岸如黛的远山。

那湾月牙形的池水在阳光下熠熠生辉，时而泛着青色，似晶莹剔透的玉石，时而呈湛蓝色，仿若镶嵌在高山之巅的蓝宝石。听说，七彩池之所以能形成这五光十色的瑰丽景色，是因为湖底土壤中有钙、镁、铜等矿物质的沉积，再加上光的折射现象等多种自然条件才得以形成，十分难得。可别因美貌小觑了这池，七彩池面积虽只有 5 000 平方米，却是极深的，最深处有 10 米左右，平均下来也有6 米。恰巧这四周皆是茶园，七彩池水还可作为灌溉水源，滋养一树茶香。

颂，是染在层层茶园的香，就着采茶人的故事，品着绿水青山的意味悠长。

半壁山房待明月，一盏清茗酬知音。军营白交祠的茶园可谓一碧千里，一畦一畦错落有致的茶树间，偶尔还能见着戴着斗笠、唱着褒歌的采茶女。深呼吸，鼻息里弥漫着一股清香，那是吸取了天地精华，又历经生死而来的清香。山上的茶农说，茶叶本是恬淡的，是经历了做青才有了馥郁的芳香。做青其实是对茶叶的折磨，摇青—等青—摇青—等青，茶叶先是失了水分，凋了光泽，继而又如凤凰涅槃重生，形成金边，泛起暗光。

海拔高的地方总有一丝仙气，军营白交祠正是如此。山头上常年弥漫的大雾，村中央古色古香的闽南古厝，哨所里被岁月尘封的战火烟云……时光匆匆，不若剪一段流年，随我到军营白交祠，看山间田野，风光无限。

军营村　保留原始生态美　海拔近千米

军营村位于厦门市同安区莲花镇西北部，坐落在海拔 1 072 米的"状元尖"脚下，海拔近千米，于山坳难得的平坦开阔地建村，距厦门市区约 67 千米，是厦门偏远的山村之一。这里常年云雾缭绕，至今保留着原始的生态美，据传因唐末农民起义军领袖黄巢在此屯兵扎营而得名。

2015 年，同安区莲花镇军营村以特色民居村的身份入选农业部公布的"2015年中国最美休闲乡村"。

旖旎迷人的茶园风光，古香古色的闽南古厝，碧波荡漾的"七彩池"以及牛

心石水库、仙叠石、金蟾观天、流连忘履石等都是村庄一道亮丽的风景。

军营村的石头千姿百态，惹人眼球，还有很多别致的名称：如猪探头、牛吃草、波浪石等。水美也是一大特色，山里的水没有任何的漂浮物，这里的水，晶莹剔透、清澈见底；这里的水，色彩斑斓、让人心醉。

如今，到军营来，游客除了可以游览牛心石水库、七彩池等周边景点，体验茶叶种植、加工和包装，还可以体验农村生活和民俗文化，吃地道的农村风味美食，逛优美的茶园竹林步道，赏特色的闽南风俗民居。

军营村的东面，登山步道已经基本成形，拾级而上，人们可以欣赏田野山色、虫鸣蛙叫、清溪流瀑，还有吊桥、竹桥等景观。行走步道过程中，林相从挺立的柳杉林，到散发着原始气息的阔叶林，新鲜空气紧紧追随，遍布的野花、清澈的小溪流，更为山林行走增色不少。

白交祠村　着重发展乡村旅游　厦门的"雾都"

白交祠村地处厦门市同安区莲花镇西北部，与安溪长泰毗邻。村庄从每年的正月开始，一直到五月份，都在云山雾海里浸沐着，有"云雾白交祠"之称。所以有人把它和英国的伦敦、我国西南的重庆相媲美，称为厦门的"雾都"，云雾缭绕的梯田景色是这里的一大美景。

白交祠村共有9个村民小组，355户，1 134人，43名党员，2016年村民人均收入14 860元，村集体收入21.37万元。全村山地面积8 700亩，其中茶园3 500亩、公益林2 700亩。村民收入来源主要靠茶叶、地瓜种植和外出务工等，近年来，着重发展以乡村旅游为特色的经济。

这里天气十分凉爽，比山下平均气温低6～7℃，几乎家家户户都没有安装空调。

来到白交祠，不得不提的便是这里的地瓜，由于高山特有的气候、地理、环境等特殊的自然因素，加上地瓜在地里的生长时间长（每年5月播种，10月才收成）且不喷农药，因此个儿特别大，像个巨型灯泡，粗纤维少，肉质滑嫩，吃起来味道非常香甜。白交祠地瓜已经成为这里一张鲜活的"名片"。

泉水叮咚作响，偶有晚风，翠竹夜影浮动，中心溪叠水步道是白交祠村最惬意的地方之一。若是星光点点的夜晚，三五好友走在叠水小道，或许，你就能体会到杜牧诗里所言那般，"云暖采茶来岭北，月明沽酒过溪南。"

（来源：厦门日报2017-09-02 http://xm.fjsen.com/2017-09/02/content_20082031_all.htm#content_1）

案例提示：恰当地利用了百丈崖、七彩湖、云雾等自然资源的衬托作用，把军营村和白交祠村人文底蕴和自然生态糅为一体，全面提升了乡村旅游产品的品位和价值。

四、方法

1. 环境优化法

环境优化法是通过优化环境，综合利用乡村自然旅游资源，使乡村旅游的各类产品都得到良好的环境衬托，提升整体价值。

案例

沙滩村：改善环境发展乡村旅游

沿着蜿蜒的盘山公路一路西行，来到黄岩屿头乡沙滩村。这个村坐落在屿头乡最繁华的地段，82省道长决线穿村而过，是黄岩西部山区一个重要的集镇，因村前有溪名为"柔极"，故古时称这里为"柔川"。

近年来，黄岩西部大力建设美丽乡村，屿头乡看到了发展旅游的契机，依托优质的生态环境和独特的古村落资源，与同济大学合作，通过改善村里环境发展乡村旅游，增加当地农民收入。

让萧条村庄重焕生机

沙滩村有一条长约300米的老街，街的北侧几乎都是20世纪90年代屿头乡政府各级部门的办公驻地。据史料记载，明清时期此地就有商业活动，当地村民立街兴市，为屿头农产品、土特产、手工艺品集中交易场所，清代光绪年间正式成为官市。可以说，老街当时是屿头乡的政治和商业中心。

然而随着政府部门的陆续外迁或撤销，沙滩新区和新市场的建成，老街人口骤减，由于村庄规划严重滞后、产业发展受阻等，沙滩村逐渐成为一个走向萧条和破败的"空心村"。直到2013年，该村根据村情，不断开展宜居环境的改造，让这个古村落重焕生机。

"农村缺乏先进的发展理念和优秀的建设人才，为此我们与同济大学合作，聘请杨贵庆教授作为黄岩美丽乡村建设的'总规划师'，按照'适合环境、适用技术、适宜人居'的原则，对沙滩村美丽乡村建设进行规划和设计。"屿头乡党委书记陈康说。

杨贵庆教授在对沙滩村的规划上强调古建筑的乡土味和民族化特征，在修缮过程中不搞大拆大建，而是充分利用既有建筑，在完全保留老宅外观的基础上，尽可能地就地取材；通过建筑立面改造、内部修固和景观环境布置等环节，因地制宜地对原废弃建筑和用地实施有机更新。

空间环境品质的改善，为沙滩村旅游产业发展、社区文化建设等提供了较好的物质场所。沙滩村党支部书记黄官森告诉记者，原先村庄"脏乱差"，还有几条"断头路"，自从2013年开始宜居环境改造后，极大提升了整村和集镇的形象，尤其是结合"五水共治"后，沙滩村成为水清、岸绿、景美的休闲旅游场所。

发展乡村旅游促农民增收

过去屿头乡属于贫困乡，沙滩村等集镇周边的村落依靠工业厂房虽然也可以致富，但对环境影响较大。凭借着美丽乡村的优秀成果，2016年沙滩村开始投身乡村旅游事业，发展生态经济。

80亩的四季采摘园、"柔川岁月"牌坊、书吧、茶吧……得益于宜居宜游环境的构建和旅游事业的发展，沙滩村实现了农村经济结构的优化，淘汰了产能落后、污染较高的企业，形成了民宿、农家乐等特色的旅游产业，并且盘活了闲置的集体用地，激发了源源不断的发展后劲。

沙滩村宜居宜游环境的形成，对于村民来说，就好像生活在景区里，房前屋后井然有序，处处是景。村民茶余饭后还能到四季采摘园散步，到老街书吧、茶吧休憩，而且老街的改造为沙滩村提供了一批特色的店铺，很多长年外出的村民选择回村发展，米酒店、馒头店、民宿陆续开业，整村的商业氛围与人气也越来越旺，老街重现了旧日"风采"。

"原先村民外出打工居多，现在村里开始发展旅游产业，不仅村民回乡创业，还吸引了不少外乡人在村里安家。"黄官森说，通过制作销售当地特色食品，村民们的收入也增加了。"春节期间，村里经营麦鼓头的村民一天能赚3 000元，这在以前是想都不敢想的。"

竹海、群山、溪流、太尉殿、柔川书院……通过建立四季采摘园、民宿改造示范点、社戏广场、东坞观光栈桥、旅游集散中心等休闲旅游场所和设施，沙滩村得天独厚的环境和深厚的历史文化底蕴既发展了当地森林休闲旅游业，也逐渐推广了美丽乡村的品牌建设，古村落重新焕发了新活力。

（来源：中国台州网－台州日报2018-10-10 http://news.taizhou.com.cn/2018-10/10/content_6100658.htm）

案例提示：通过改造空间环境，使整个区域水清、岸绿、景美、宜居，为发展乡村旅游奠定了坚实的基础。

2. 文化渲染法

文化渲染法是以乡村独特的民俗文化为主题，充分利用乡村的自然资源烘托民俗文化主题，形成自然人文合一的独特氛围。

案例

访人文古迹、赏田园风光、品农家美食
澄迈：美丽乡村诗意律动

乡村三月，草长莺飞。而眼下，海南省澄迈县正以美丽乡村筑巢引凤，迸发出新的活力。

当游客逐渐习惯在福山镇向阳村品味咖啡风情文化，在加乐镇田园村乡间寻找纯朴乡情，在老城镇美文村大花园里尽情吸氧，在老城镇罗驿村用脚步丈量历史的长度，在金江镇永美带古村落里登塔戏水、赏花品茶、夜看星空后，谁还能拒绝美丽乡村的魅力？

古村古迹韵味足

在澄迈县特色各异的古村落里，美郎村因其两座矗立村口、清泉环绕的元代石塔而闻名。700多年来，这座由火山岩石砌成的古村落，始终被美榔双塔、陈道述古墓等各种传说和故事萦绕着。它没有着力渲染张扬，其敦厚典雅的文化遗产仍未掀开神秘面纱，需要人们去发掘、去感悟。

位于老城镇的罗驿村，历经元、明、清三朝600多年，曾出过多个举人、贡生等文人官员，这些李氏后代入仕后不忘惠泽乡里，为家乡修筑宗祠、造桥修路。罗驿村历史文化底蕴深厚，文物古迹多，除了省级文物保护单位李氏宗祠，还有罗驿古八景（双塔峥嵘、步蟾坊、南佛社岭、仙姬引泉、清溪小流、松林翠色、月池绿波、文阁大观）。

还有大丰村的封平约亭遗址，追寻昔日驿站古道上的街市商业繁华气息。封平约亭遗留的圣训遗迹、石碑、长联，还有装载食物的石瓮和屋檐下纳凉、晒物的青石板，见证了那片地区曾经的繁华商贸，以及公平、公正的商业文明。

乡村四季景不同

行走澄迈，还有迷人的田园风光让人沉醉。这里，有众多以火山岩为主要建筑材料建成的古村落，如美郎村、大美村、扬坤村、南轩村等。这些火山古村落具有数百甚至上千年的历史，其年代、面积、规模、保存完好程度在全世界都较为罕见。

澄迈的乡村环境，充满了慢调生活的气息，爬满青苔的石板路、满是洞眼的火山岩石屋、蓄满雨水的水瓮、"嘎吱嘎吱"转动磨出雪白豆浆的石磨……乡村的一物一景都那么充满生活气息，让人不由脚步放缓，语气缓和，感受慢生活的惬意。

这里的乡村田野，四季变化而风光不同。有时是一望无垠的稻海，有时是连绵青翠的豆角、冬瓜架棚，有时是鲜红点缀的圣女果。不同的季节，会有不同的收获。

89

农家特色美味多

绿色生态资源丰富的澄迈，居住环境优美，含硒元素的土壤生产的各种富硒食品，养育着一方澄迈人。澄迈现有百岁老人210多人，被国际人口老龄化长寿化专家委员会授予"世界长寿之乡"称号。

澄迈美食文化丰富多彩，具有浓厚的地方特色，深受大众喜爱。澄迈盛产各种热带水果，先后获得了"中国福橙之乡""中国无公害瓜果示范县"等荣誉称号。

此外，澄迈水资源丰富，盛产水产海产，既有常见的黄花鱼、金枪鱼、鱿鱼，也有肉质鲜美的马鲛鱼。烤制的马鲛鱼味道鲜美，有"仙界美食"之美誉。

还有海南名吃——海南粉，海南三大名粽之一的澄迈瑞溪粽，以及福山烤乳猪、白莲鹅、澄迈小黄牛、澄迈和牛、永发乳羊、加乐黑猪、文儒山寮鸡、金江酸菜、椰丝糯米粑、海南海鲜瓜盅等，地道的农家做法，堪称人间美味。

（来源：海南日报 2016-03-17 http://hnrb.hinews.cn/html/2016-03/17/content_9_1.htm）

案例提示：通过渲染古塔、古屋、古井、古路等资源，形成有海南特色的古村，并立体化扩展，形成有吸引力的乡村旅游产品。

3. 审美提升法

审美提升法是通过方向、距离、时间等各种要素的选择，选取乡村自然旅游资源中最好的审美角度加以综合利用。

案例

在那遥远的小山村

家住哪儿？鸠山下面，铁姑庙上面。认识谁呀？麻子留龙王长安。楚老师生于1936年，走出小山村六十多年，如今住在城里，还记得小时候大人让记住的几句话。铁姑庙，四块石头垒的一个龛，别看小，远近闻名。麻子留龙和王长安，是能人，十里八乡无人不识。山里人，从小就记住了家，出门不迷路了，只要记住人人皆知的标示，天再黑也能摸到自家的门。

山村很遥远，也很近。远在你看不见的地方，近就在你心里，盛满了浓浓的乡愁。

路仄仄的，如摆动的绳，蜿蜒在山间的谷地，悬在绳头的是西学村。进村要过九门九关，每道关门，就是一挂绝壁，一道深渊。村在山沟的一侧，东一户西一户、低一户高一户散缀在起伏错落的崖畔。狗卧在门口石阶打盹，牛拴在一根木桩上，一口接一口地倒沫，时光缓缓流逝。一眼井，石壁，石沿，沿口青石磨得光润，一架辘轳，有些天没人搅动了，井里的水沉沉幽幽如青铜镜面，不起一点涟漪。街上少见人影，各家门前的路或直或斜或坡或弯，甚是洁净、温馨，静谧而安详。一村妇从井旁过，问其还饮井水不，村妇说，家里虽有自来水，但不甜，还是井水好，生喝解渴，冬天温热，和面筋道，烧汤不澥，牛喝上膘快。一棵老槐树笼罩了一个院落，听声树下有人，转过一道矮墙，看见几位老人坐在石凳上闲聊。

村里有六棵老槐树，老辈人说，树是祖上从山西洪洞迁来时栽的，八九十岁的老人打记事起，树就长这样。见了外人，村民都愿意说话，说村里过去的事。张大户家有块地，地头有石像乌龟，龟头下俯如饮涧水。这是块宝地，打的粮食吃一升长一升，没有穷尽。见来人不相信，指一处废弃的老宅，那就是他家，一色的蓝砖蓝瓦，大门楼，三进院，有名的富户。

山里多出奇事，不信也得信。鸠山那一带飞毛腿出了三个，均有名有姓有家，赵沟的叫赵光晋，陈窑的叫汪青龙，王村的叫老鸹（乌鸦）窝。他们都生于清末，脚心有毛，是清朝的保国臣。生不逢时，清亡人废，飞毛腿在民间演绎了传奇故事。老鸹窝名气最大，形貌奇异，手如簸箕，双臂过膝，鞋长如船。此人乃大力士，碗口粗枣树倒拔如苗，碾盘上的石磙抛之如丸，担500斤[①]煤健步如飞，一口气跑七八里山路，且不换肩膀，站在戏场看完一场大戏方才挑煤回家。

每个村里的老人，都会说一段"瞎话"，即王莽撵刘秀的故事。这个故事洒遍了每座山头、每条沟壑。老王沟无人不知老鸹救刘秀的事儿。王莽把刘秀从山里撵到一处开阔地，刘秀借地沟藏身，山雀给王莽报信："这儿哩，这儿哩。"王莽正要去地沟寻找，老鸹连呼："瞎话儿，瞎话儿，瞎话儿"，盘旋着呼叫，响彻长空，刘秀再次躲过一劫。刘秀坐上皇帝宝座后，感念老鸹救命之恩，授给老鸹银项圈，于是这里的老鸹就成了白脖子。老王沟的一面山坡酸枣树枝条上没针，也是缘于一个传说。据说，刘秀逃亡途中，衣服总是被酸枣树的针刺挂扯，于是刘秀说针刺真是烦人，果然，这面山坡的酸枣树退掉了针刺，刘秀跑起来利索了许多。只有老人们还记得这些，年轻人都不太记得这些传说故事。

每个小村庄都有传奇。马泉村，过去叫马蹄湾。这里也流传着当年王莽撵刘秀的故事，两人都骑着威武的战马，追杀在山脚下。刘秀被追得人困马乏，渴得嗓子冒烟，到处寻水不得。马有灵性，能隔地辨识泉眼。马见一小小的凹窝，一蹄子下去，甘泉顷刻满溢。刘秀走了，给村子留下了马泉的名字。可惜的是，前几年修路，泉已被埋在路下。现在还依稀有人记得原先泉的位置，再过些年，怕

---

① 斤为非标准单位，1斤 = 500克。

是只有村名，泉已无踪迹了。

辈辈相传的"瞎话"，给每个村子蒙上了奇幻的色彩。你明明知道它是"瞎话"，却从来没有怀疑过，那些故事是这片地域的荣光。

靠山吃山，鸠山草木，皆为药物，其药性常有《本草纲目》所不载、医家所不知。押坡，一个嵌缀在山坳的小村，杜仲森森成林，紫苏、薄荷、山药、百合、车前子、牛蒡子、苍耳子、何首乌、枸杞、丹参、柴胡遍野，有的杂植蔬圃，点缀风景。樵夫、村妇人人知药性，偶染微恙，随手取草木自治，常有神效，屡试不爽。羊倌老张，读过《汤头歌》，早年在乡里悬壶行医，多以民间验方治病。老张年岁已大，虽以放羊度日，在山民眼里，他还是神奇的郎中。前些时日，听说一妇人在省城术后，伤口不愈并溃烂，用过各种抗生素仍不见效。老张也没见病人，听了症状，电话里告诉人家用几种随手可采的草药，熬水热敷，一天八遍十遍地不论。十天后，病人掂着礼物来答谢老张，老张的名气传得更远了。

（来源：微信公众号 许昌市文化广电和旅游局 2017-01-17 https://mp.weixin.qq.com/s?__biz=MzA3MTU4MTM4Ng%3D%3D&idx=5&mid=2654160394&sn=f3b99e4d16270b2d886b8d79b282f87d）

案例提示：由于"遥远"，小山村就有了神秘感和朦胧美，民间传说故事、村民生活等都具有吸引游客品味、观赏、体验的价值，小山村就有了开发乡村旅游的素材。

本章小结

本章主要对各种类型的乡村自然旅游资源进行了详细的、系统的介绍，在此基础上，介绍了乡村自然旅游资源的特点、价值与作用，并进一步对乡村自然旅游资源开发与利用的对象选择要点、目标、原则和方法等进行了阐述。

主要术语

乡村自然旅游资源的直接开发 乡村自然旅游资源的综合利用

自测题

1. 乡村自然旅游资源的主要类型有哪些？各种类型的乡村自然旅游资源又分别包括哪些具体的资源？

2. 乡村自然旅游资源的特点有什么？

3. 乡村自然旅游资源的价值、作用分别是什么？

4. 乡村自然旅游资源直接开发的选择要点有哪些？

5. 乡村自然旅游资源直接开发的目标和原则分别有哪些？

6. 乡村自然旅游资源直接开发的方法有哪些？

7. 乡村自然旅游资源综合利用的选择要点有哪些？

8. 乡村自然旅游资源综合利用的目标和原则分别有哪些？

9. 乡村自然旅游资源综合利用的方法有哪些？

第三章　乡村人文旅游资源开发与利用

情境

村委会召开会议，商量发展乡村旅游的事情。

村主任说："今儿个想和大家商量一下搞乡村旅游的事情，大家说说咱村有哪些人文资源能开发？"

村委甲说："这可多了，种田干活过节日、婚丧嫁娶都算是吧？"

村委乙说："还要看看这些能不能成为旅游资源吧？"

村委丙说："人文的东西不少，不过哪些能开发呢？"

村主任说："这人文资源说起来还真是不少，不过要当作旅游资源开发可能还需要更多的条件啊，我们还是请专门的人来讲讲吧！"

导言

乡村人文旅游资源丰富多样而且有独特性。各种类型乡村人文旅游资源分别包括哪些具体的资源？乡村人文旅游资源有哪些特点、价值和作用，怎样进行开发和利用？其开发和利用的对象选择要点、目标、原则和方法分别有哪些？学习本章后，读者将对以上问题有一定的了解。

学习目标

理解各种类型乡村人文旅游资源分别包括的具体资源；

了解乡村人文旅游资源的特点；

理解乡村人文旅游资源的价值和作用；

掌握乡村人文旅游资源开发和利用的对象选择要点、目标、原则和方法。

第一节　乡村人文旅游资源的类型

一、村落

　　村落主要指乡村中大的聚落或多个聚落形成的群体，包括自然村落、民居、小镇建筑与设施、园林建筑、游乐设施、特色生产设施等。

案例

美丽乡村：威海有一处传统村落，竟然如此安详静谧

小西村历史

　　小西村位于山东省荣成市港西镇北部，清朝康熙年间建村，至今已有400多年的历史。它背靠环海路，是通往好运角的必经之路，南濒纹石滩林场，素有"天然氧吧"之称，东与朝阳港大桥相连，西是品种齐全的采摘基地。

小西村发展历程

　　小西村对海草房保护备至，2015年小西村获得省级传统文化村落和省级文物保护单位称号，现正在申报国家级传统文化村落。村中所有道路街巷已全部硬化，且路侧均有绿化，厕所改造也已全部完成。村北设有卫生室、健身广场和公园，村中还建有一个村民活动中心和净化水站，村南建有水塘，碧海、沙滩、蓝天、绿树、海草房，美丽的小西村四季如画。

　　小西村周边自然条件优越，旅游资源丰富。北侧海岸线与现有海水浴场相邻，且与鸡鸣岛隔海相望，向东距离西霞口和成山头景区仅16千米。小西村拥有104栋保存完好的海草房，年代最久远的有近400年的历史，成为传承海草房建筑技艺的活化石。村民们以居住海草房、维护海草房为荣，海草房既给老一辈苫匠传承千年技艺提供了舞台，也成为展示荣成渔家文化的重要载体。

　　老祖宗给后人寻得了一块宝地，小西村集体经济基础较好，300亩耕地主要是沙地，适合种植无花果和沙参，这里的无花果甜度和口感都明显优于内陆品种。沙参具有清肺化痰、养阴润燥、益胃生津的功效，每年3月就能上市。更主要的是，他们靠海吃海，全村共有渔船50余条，渔村经济实力更加雄厚。

展望未来

　　不忘初心，砥砺前行。近年来，小西村在党建、征信、环卫、棚改等各方面都取得辉煌成绩的同时，仍在向着美丽乡村试点示范等更高的目标前进。今年，小西村还将进一步加大海草房保护和环境卫生保护力度，申报国家级传统文化村落和省级卫生村。下一部将依托 100 多座保存完好的海草房优势，打造高规格的海草房民宿项目。

（来源：搜狐号 最美好运角 2018-09-17 http://www.sohu.com/a/254370121_100268207）

案例提示： 以村落为核心资源，整体规划，形成独具特色的"高规格的海草房民宿项目"，打造出了特色乡村度假旅游产品。

二、田园

田园指乡村中的田野、田地，包括各类农田、草场、农场、牧场、林场、渔场等。田园是乡村的典型景观物，是乡村旅游的基本资源。

案例

这两个村入选特色田园乡村建设试点村，改建后的样子太美了

优美的自然环境，独特的生态资源，一直都是高新区引以为傲的"金字招牌"，近年来，高新区大力推进特色田园建设，打造"山村聚落、圩田聚落、水乡聚落"。具体来说，就是在风貌塑造上留住乡村的"形"，在文化传承上留住乡村的"魂"，在功能布局上体现乡村的"全"，在宜居宜业上留住乡村的"人"。

同时，发挥乡村独特禀赋，以田园生产、田园生活、田园生态为核心组织要素，促进乡村经济社会的整体进步，形成更有生命力的"乡村美学"。

各具魅力的田园乡村，如同一颗颗闪亮的明珠，镶嵌在高新区的版图上，其中，树山村无疑是最为夺目的村落之一。树山村位于高新区西北部，大阳山北麓，西依大石山，三面环山一面临水，形胜独特风景优美，在这里生活，不仅能欣赏到田园风光与自然山水相交融的景色，更可以从这里的一砖一瓦、一草一木中感受到村中人家生活的闲适与自在。

2018 年高新区推动，首批市级示范区通安镇树山村各项建设落地，优先安排村庄整治提升，配套基础设施、完善公共服务项目。目前，树山村已入选第一批市特色田园乡村建设试点名录，正积极申报第三批省级特色田园乡村建设试点候选名录。

在高新区，像树山村这样的诗意乡村还有不少。近日，从苏州市田园办传来

好消息，浒墅关镇华盛社区花野圩、镇湖街道石帆村东石帆，入选第二批市特色田园乡村建设试点名录。接下来，就让我们走近这两个"高颜值"乡村。

花野圩位于高新区的浒墅关镇，是相当小清新的一个村子。这也是离市中心最近的一个自然村，田园包围村落，村落依河而建，非常适合旅游和居住。花野圩显然抓住了这点精髓，灿烂的花海、雅致的小路、整齐的农田……处处透着一丝精致。一条小河从村子中穿过，靠近十字洋河，碰到晴天，蓝天白云、两岸的民居树木倒映在水中，"江南水乡"的韵味十足！村子里有淡红色的砖砌小路，串联起各处景致，还规划有小游园，一路走，一路都是风景。花野圩大片的稻田让人眼前一亮，一阵微风拂过，伴随着"沙沙"的声响，青翠的农田泛起了稻浪。作为全市第二批特色田园乡村建设的试点村，花野圩的规划已经全部完成。未来，这里路网会更通畅，田块会更自然，村落会更美丽，服务会更完善，也会有更多景色值得我们去探访、去欣赏。

浒墅关镇华盛社区负责人表示，将充分利用花野圩北侧五个连片水塘的自然资源，与一些科研院所合作开发，引进稻虾、稻鱼等特色产业，从而对整个生态环境，还有宜居、富民方面起到积极的作用。事实上，花野圩是浒墅关镇"三村一体"特色田园乡村建设的有力一环。目前，华盛社区、青灯村、九图村"三村一体"总体规划方案已确定。苏州市浒墅关现代农业综合开发有限公司总经理潘炜说，"三村一体"就是按照三村整体规划、基建全面推进、项目分步实施的总体思路，让道路更加通畅，让河道更加清澈，让田块更加自然，让村庄更加美丽，打造一个离城市最近的城中田、门口地。

镇湖街道石帆村东石帆紧邻太湖，一条与太湖相接的小河沿着村庄静静地流淌，依河而建的房屋倒映在河里勾勒出美丽的弧线。

春天，走近石帆村，仿佛"掉"进了一片花海里。村内的小路两旁盛开着各种各样的花，樱花、海棠、桃花、梨花、油菜花……一阵清风吹来，阵阵幽香沁人心脾。

走在路上，可以看到话家常的村民，似乎家家户户都养着悠闲散步的鸡、晒太阳的狗，一幅浓浓田园景色，时光仿佛都慢了下来。

看惯了城市中的浮世繁华，这样的画面是否会勾起了藏在你心底的那份最初的记忆。

石帆村将以建设高新区"太湖艺术水乡村落"为目标，高标准推进基础设施建设，塑造村庄特色、发展村庄经济，打造特色田园新石帆村。生活在真山真水的苏州高新区，每一天都能体验诗意的栖居，怎能不叫人心生欢喜？

快为高新区这些美丽的乡村点个大大的赞吧！

（来源：名城苏州网 2018-09-05 http://news.2500sz.com/doc/2018/09/05/333103_3.shtml，原文标题和内容有删减）

案例提示：以田园生产、田园生活、田园文化、田园生态为核心要素，通过巧妙的组织和点化，把"田园"资源发挥到极致，形成了大片区的高质量乡村田园旅游产品。

三、农业

农业是利用动植物的生长发育规律，通过人工培育来获得产品的产业。农业属于第一产业，包括种植业、林业、畜牧业、渔业、副业五种基本产业形式。在乡村旅游中，农业资源是最主要的开发对象。

案例

非同一般的龙寿洋国家农业公园

时下，随着经济的快速发展，人们的生活日益丰富多彩，而城里人不再满足喧闹繁华的城市，而是去追求美丽的大自然风光，体会乡村特有的异域文化习俗，缓解心中的乡愁。随着乡村旅游热度的提升，休闲农业、田园综合体、农业公园等旅游产业开始蓬勃发展起来。

下面为各位朋友介绍的便是农业公园，何为农业公园？农业公园是文旅结合、农旅结合的理想模式。它可带动我国农村经济发展，提高我国农业竞争力，是国家大力支持的休闲农业发展新模式。

以龙寿洋国家农业公园为例，看一看不简单的农业公园，它到底是怎样的？

一、龙寿洋国家农业公园概况

龙寿洋国家农业公园，又名龙寿洋万亩田野公园，是琼海市的"打造田园城市，构建幸福琼海"发展战略的重要载体，项目开发中本着"不占田、不砍树、不拆房，就地城镇化"的原则，将之打造为集生态、环保、现代农业产业化为一体的新型城镇化先行示范区，形成"城在园中，村在景中，人在画中"的田园风光。

二、开发优势

1.农田基础设施好

龙寿洋自流灌溉面积大，农田灌溉基本解决，农田整治项目已建设田间道路

46 条、生产路 19 条、村道 26 条，修建排灌渠道 36 条，基础设施建设较完善。

2. 乡村景观美，生态环境好

龙寿洋重视生态文明村建设，乡村农民注重居家环境整治，家家户户房前屋后种植花草花卉和风景树，一年四季花儿飘香。

3. 农业景观别具特色，田野阡陌纵横

龙寿洋周边农民善于利用季节安排田园农业，坡地种植橡胶、胡椒、槟榔、益智等南药和热带水果，田园种植水稻及反季节瓜菜，田野一年四季一片绿油油。

4. 乡村建筑和民俗文化独特，开发观赏潜力大

龙寿洋乡村建筑既有中原文化的痕迹，又有南洋文化的特色，况且民间传说、民间工艺众多，婚嫁风俗、生育风俗、喜庆风俗、传统节日很有特色。

5. 地处博鳌和潭门渔港必由之路

龙寿洋地处博鳌和潭门港必由之路，凭借一年一度的博鳌亚洲论坛盛会品牌，形成温泉—博鳌—嘉积组团的主要片区，这对规划龙寿洋产业发展、营造田园景观、充分发挥区位优势是十分有利的。

三、项目功能

龙寿洋国家农业公园规划有龙舟广场、儒家文化广场、大棚瓜菜基地、兰花基地、草莓基地、垂钓区、莲藕基地、槟榔谷、蔬菜基地、农家乐等 17 个建设项目，其中蔬菜基地被重点打造成城市游客的私家菜地。

农业基地、农家乐等项目由政府投资建设，由当地农民专业合作社经营，形成现代农业形态，促进农业增效、农民增收。

四、借鉴之处

龙寿洋国家农业公园用"不占田、不砍树、不拆房，就地城镇化"的原则，在完成农田良好的基础建设上，充分利用乡村景观、良好的生态环境，同时利用独特乡村建筑和民俗文化，加上良好的地理区位条件，让农业公园得到得天独厚的发展。

目前，在我国的乡村发展过程中，农业公园将作为一种不一样的乡村旅游业态，以崭新的面貌给我们带来不一样的惊喜！

（来源：亮眼辩景　博客 2017-08-09 http://blog.sina.com.cn/s/blog_477470bc0102xl32.html）

案例提示：海南琼海龙寿洋国家农业公园是海南重要的热带农业生产基地，立足乡村的农业资源，将其用好用足，从多角度开发其中的美，将普通的农事活动呈现为一幅幅优美的农业生产画卷，是琼海龙寿洋乡村旅游开发成功的重要原因。

四、文物

文物是人类在历史发展过程中遗留下来的由人类创造的、已经成为历史不可能再创造的遗物、遗迹。遗物、遗迹指人类活动留下来的遗址、物品以及各种文化痕迹。

案例

广东古驿道助力乡村旅游

近日，广东南粤古驿道保护修复利用工作又有新进展。

8月20日至31日，由广东省旅游局和省住建厅联合主办，省规划营销协会具体承办的南粤古驿道旅游调研活动正式开展，广东旅游业界代表组成的调研组兵分四路，分赴珠海、中山、韶关、清远、梅州等地，实地走访考察了11条重点古驿道线路。

"古驿道"成新的旅游增长点

南粤古驿道，是自秦至清末，广东省内官府或民间自发修建的用于传递文书、运输物资、人员往来的道路。据不完全统计，广东省现存南粤古驿道本体共233条，长达710.44千米，古驿道沿线现存文物古迹共906处。这些遍布岭南大地的古驿道，如今已不再承担交通运输功能，却担任着传承岭南历史文化、助力乡村振兴的使命。

作为一种珍贵的大型线性历史文化遗产，南粤古驿道极具旅游开发价值，据广东旅游大数据平台统计，今年春节期间，纳入广东省统计的21家南粤古驿道景区，共接待游客97.4万人次，同比增长32.5%；收入1.79亿元，同比增长35.4%，均高于全省平均水平，古道游已成为全域旅游背景下新的旅游增长点。

另外一方面，南粤古驿道的保护利用也为沿线广大乡村带来了新的发展动能。南粤古驿道串联起了大片的乡村地区，包括1 320个省定贫困村，而通过活用"古驿道＋文化""古驿道＋体育""古驿道＋特色农业""古驿道＋旅游"等模式，未来的南粤古驿道不仅能改善沿线乡村基础设施建设，还将促进乡村旅游，带动农民增收。

打造11条重点古驿道线路

近年来，广东省持续推进南粤古驿道保护修复利用工作，2017年12月对有条件打造成为重点线路的1 130多千米线路进行详细踏勘后，推出了2018年要保护和修复利用的11条、共约700千米重点线路，包括韶关南雄海关—乌迳镇古道、韶关西京古道、广州从化古道、清远连州丰阳—东坡古道、清远连州秦汉古道、河源粤赣古道、梅州大埔三河坝—潮州饶平麒麟岭古道、梅州兴宁—平远古道、珠海中山岐澳古道、汕尾海丰羊蹄岭—惠州惠东高潭古道、惠州罗浮山古道。

此后，这11条古驿道作为南粤古驿道文化旅游精品主题线路，修复工作一直在进行。

根据省政府批复的工作计划，在今年十一国庆节前，根据这11条重点古驿道的保护修复和活化利用情况，其中数条将面向广大游客投入使用。

每一条古驿道，都记载了历史

本次活动中，调研组前往考察的就是这11条重点线路，记者跟随调研一组前往了珠海、中山、惠州、广州从化四地，现场体验了珠海中山岐澳古道、惠州罗浮山古道、广州从化古道。

1. 岐澳古道珠海段：古迹众多，移步换景

岐澳古道是从中山市石岐经珠海后抵达澳门的古驿道，因联系着珠中澳三地的商贸及文化往来，这条古道也被誉为"香山近代的茶马古道"。

岐澳古道珠海段精华段位于凤凰山，是过去上栅、官塘等周边村民前往港澳的重要通道，其起点为香洲区普陀寺，终点为高新区联合国际学院文化小镇，全长6千米。

珠海精华段是调研一组踏勘的四处古驿道中修复程度最高的，2.9千米古驿道本体皆已修复，沿线古桥、摩崖石刻、石碑保存较好，除此之外，这一段古道还包含了0.4千米瀑布景观段、0.4千米溪流景观段、0.2千米竹林景观段、0.1千米湿地景观段、2千米古驿道连接线段新建步行道，自然景观优越。

2. 岐澳古道中山段：幽幽古道，再换新颜

岐澳古道保存最完整的部分在中山市的五桂山中。五桂山雄踞珠江口，主峰海拔531米，是中山、珠海两市的最高点，这一段翻山越岭的山地型古驿道，也是当年漫漫长路里最辛苦的一段。

这一段直通澳门的古道，是官道也是商道。

古道自公路开通后渐渐荒芜，被红土荒草掩埋，这次被修复完工后，150岁高龄的岐澳古道中山段重见天日，竟是保存得最好的。

岐澳古道中山段精华段起点为五桂山万鑫花园入口，终点至地豆岗，精华段全长5.55千米，本体段4.5千米，另外还依托原有村路建立了1.05千米连接线。中山段虽是山地型古驿道，上山难免辛苦，不过好在山上道路修得倒通畅，五桂山又是中山环境保护得最好的地方，山上满目苍翠，空气清幽，负氧离子丰

富,十分适合登山徒步。近年来,中山市规划将古道与城市绿道结合,并串联整合沿线历史资源,未来的中山段或许会成为周边市民出游踏青、乡野休闲的好去处。

3.惠州罗浮山古道:背靠罗浮,神秘清幽

罗浮山古道精华段起点在朱明洞,终点至拨云寺,全长9.86千米,古道本体段900米左右。

这一段古道缺失较为严重,且路远难行,不过因背靠旅游胜地罗浮山,自然景观上佳,当地对这条古道的前景颇有信心。未来这条古道将被纳入罗浮山旅游大系统,并配套凉亭、栏杆、座椅、定位系统等设施,包括2座新修复古桥,以及拨云寺的住宿空间,相信会为驴友、登山爱好者提供不一样的体验。

罗浮山自古就是岭南名山,山上古道众多,罗浮山古道精华段是其中较神秘的一段,大块青石铺路,因山上雾气浓重且久未有人踏足,石上青苔点点,看起来比别处古道更显古朴。从拨云寺往下古道是一处竹林幽径,竹影摇曳,虫鸟声声,虽说岐澳古道珠海段和中山段也都有竹林小道,但此处云雾悠悠,境界更为清幽。

4.广州从化古道:历史深处,野趣横生

广州从化历史悠久,自古以来就是商贾要地,这片土地上曾遍布陆路和水路驿道,历史上是广东南北往来的通途,是邮驿、交通、商贸的重要载体。古道精华段是陆路驿道中保存较好的部分,起点在钱岗古村牌坊,终点在知青村,全长9.19千米。

知青村段古驿道分为上清幽和下清幽,这一段古道被高高的荒草覆盖,拨开荒草可以看到地上的古驿道本体。行走在知青村段古驿道犹如上下清幽,一侧是溪流叮咚,一侧是竹树亭亭,颇得野趣。

钱岗古村段古驿道是与上下清幽完全相反的存在,这一段古驿道蜿蜒在古村中,鹅卵石铺地,保存十分完好,村中的古牌坊、指路石、民居、祠堂、书院、人民礼堂应有尽有,村里公厕、垃圾桶,村外的民宿、商店等配套设施都已完善,已经是一处成熟的旅游线路。未来将钱岗段与知青村段打通后,从化古驿道兼具古村游、山地运动游、养生游等多种路线,将更具吸引力。

(来源:南方都市报2018-08-30 http://epaper.oeeee.com/epaper/D/html/2018-08/30/content_46408.htm)

案例提示:利用古道这种典型的历史文化痕迹,打造了11条旅游线路,形成了大规模的特色乡村旅游区。

五、民俗

民俗又称民间文化，是指一个民族或一个社会群体在长期的生产实践和社会生活中逐渐形成并世代相传、较为稳定的风尚、习俗等文化事项，包括各类民间节庆、宗教活动、乡民生活、民间艺术和工艺、民间习俗等各种人文活动。

案例

百山祖兰泥村：让民俗活动凝聚发展信心　激活乡村旅游

"原汁原味的民俗、绿色健康的山野蔬菜，明年还带队参加这样的活动！"在参加 6 月 28 日百山祖镇兰泥村的迎神文化节后，来自上海的游客鲍远山在朋友圈里点赞。

6 月 28 日，伴随着兰泥殿旁隆重的礼炮声，百山祖镇兰泥村迎神文化节拉开序幕。这一天，不管县内县外，出门务工还是赋闲在家，兰泥村民都从四面八方赶来。当天，村民和外来游客 500 余人参与了这场活动。

据了解，迎神文化节是目前我县最富代表性的浙南民俗文化节日之一。不久前，兰泥村的迎神文化节还被评为"2017 年庆元县十大乡村旅游品牌节庆最具乡村特色节庆活动"。

"想以这样的节庆活动，提升村里的知名度，发展乡村旅游！"说起办节的意义，兰泥村主任吴凯斌说。近年来，由于全域旅游概念的提出及发展，百山祖景区带动、辐射周边旅游的功能不断增强，村民们对发展乡村旅游十分迫切，大家也都纷纷捐资、献计。

"我们愿意捐助 2 万元，用于发展乡村旅游。"对于村庄的现状，村民吴火根等人看在眼里，记在心里。

"我会把此次兰泥迎神文化节的宣传视频拍摄得更加出彩，让大家都看到我们的特色民俗，认识我们的美丽乡村。"在丽水从事传媒行业的吴飞说。

"我们有村口风景林、老虎山、鬼洞崖、亿年硅化石、剁砍花法菇寮遗址这些景点，可以大力发展旅游。""还可以建设耕田、插秧、捡田螺、砍花法香菇等农事体验区……"对于此次兰泥迎神文化节，村民们不只把它当作节庆活动，还把它作为村庄发展的契机，纷纷出谋划策，只为把村庄发展得更好。

早在一个多月前，村里的干部们就组团开展了以"兰泥村现状与发展"为主题的调研活动。兰泥村接连召开村"三委"班子会议和村民代表大会，决定以兰泥村迎神文化节为撬点，凝聚村庄发展力量，发展节庆旅游，带动村庄迈向新台阶。

"明年的迎神文化节，我准备结合田螺节，大力宣传我们的旅游活动，让兰泥的乡村振兴之路越走越踏实。"对于发展乡村旅游，吴凯斌干劲很足。

（来源：中国庆元网 2018-07-03 http://qynews.zjol.com.cn/qynews/system/2018/07/03/030987329.shtml）

案例提示：民俗活动丰富有趣，是重要的乡村人文旅游资源。本案例中，利用民俗节日，打造兰泥村"迎神文化节"，成功激活了乡村旅游。

六、商品

商品是满足人们某种需要的，用来交换的劳动产品。在乡村旅游中，大多数乡村生活、生产活动及产品、用品，都可通过恰当的方式，变成旅游商品，如旅游美食、民间手工艺品、特色农产品、旅游纪念品等。

案例

镇江丹阳特色农业带动国庆乡村旅游

火龙果采摘、特色农产品展销、歌舞晚会、K歌比赛、帐篷露营……刚刚过去的国庆长假，镇江丹阳市皇塘镇大南庄村将众多旅游元素糅合在一起，成为当地乡村游的一个亮点，三天吸引游客超万人次。

10月1日—3日，镇江丹阳首届农民丰收节、2018年丹阳市名特优农产品展销会、第二届"南翔"火龙果节、第五届"世外源"帐篷节在大南庄村南翔生态园举办，来自镇江丹阳及周边地区的各类水果、水产品、肉禽蛋类、干果、食用菌、茶叶、酒品、户外装备等100多个名特优产品参展，游客只要跑一个地方，就能买到镇江丹阳所有名特优农产品，大大提升了体验感和购物欲望。

"一直想吃丹阳吕城的特产'脂油团子'，这次能在皇塘买到正宗的，真是太好了。"常州来的游客李先生说，他买了6盒"脂油团子"，准备带回家给家人品尝。

在2018年丹阳市名特优农产品展销会上，来自丹阳丹北镇的张女士一脸惊奇，"火龙果还能做馄饨，真没想到。"为了让更多的游客体验火龙果的美味，产销会特意举办了千人火龙果馄饨宴，每天三百份的限量火龙果馄饨都被一抢而空。

活动期间，"丹农优品"项目承办方——江苏南翔农业发展科技有限公司总经理池朱忠还与丹阳市金丹阳酒业有限公司、导墅镇丹美家庭农场等10家入驻"丹农优品"项目企业代表现场签约。"丹农优品"是镇江丹阳市政府重点扶持项目，项目将区域内名特优农产品、农副产品以及相关旅游产品汇聚一起，确定固定商铺展示销售，同时充分利用互联网平台的优势，实现线上线下销售，带动丹阳特色农业发展，推广地方特色旅游商品，推进丹阳乡村振兴战略实施。

（来源：人民网－江苏频道 2018-10-08 http://js.people.cn/n2/2018/1008/c360311-32131446.html）

案例提示： 在乡村旅游中，只要了有地方特色的事物，经过打造，大多可以成为特色旅游商品。本案例中，"丹农优品"作为特色旅游商品，特色鲜明，广受游客的欢迎，成为旅游产品中不可或缺的亮点。

第二节 乡村人文旅游资源的特点

一、地方性

一方水土一方人，而由政治、宗教、民族、文化、人口、经济、历史等要素组成的社会环境的差异性又往往形成不同的乡村民俗文化，如民族服饰、信仰、礼仪、节日庆典等。由于地球上自然环境和社会环境的地域差异性，形成了乡村人文旅游资源明显的地域性特点。例如，海口端午节洗龙水是重要的习俗（图 3-1），南京端午节"破火眼"是重要的习俗（图 3-2）。

图 3-1　海口端午节洗龙水

图 3-2　南京端午节"破火眼"

二、民间性

　　民间性体现在民间具有不同民族文化的生活方式中。民族文化是乡村人文旅游资源的重要内容，各民族都有本民族特有的文化。信息交流频繁的城市，原来的民族文化较多地融合了其他民族的文化，形成了多民族文化的交融，使原有的民族文化发生变异。而广大乡村，由于地理区位、交通和信息条件的限制，民族文化的传承性较强，使传统的原汁原味的民族文化能较完整地保留下来，故乡村人文旅游资源有明显的民族性特点，而且越是民族性强的旅游资源，越具有吸引力。例如，藏族祝福：献哈达（图 3-3）；黎族祝福：捏耳朵（图 3-4）。

图 3-3　藏族祝福：献哈达

图 3-4 黎族祝福：捏耳朵

三、乡土性

能吸引游客目光的并非都是"高大上"的。乡土社会的"浓厚的区域本位主义和家乡观念特色的非规范性"特点，以及既有乡村、牧村、渔村、林区等不同的农业景观，又有集镇、村落等不同特点的聚落景观，还有各地区丰富多彩的民族风情等特点，使乡村人文旅游资源具有浓郁的乡土性。如万泉河边的苗家民宿（图 3-5）。

图 3-5 万泉河边的苗家民宿

四、文化内涵性

乡村文化属于民间文化，我国乡村绚丽多彩的民间文化有悠久的历史和丰富的内涵，致使乡村旅游在文化层面上有高品位的特点。乡村的各种民俗节庆、工艺美术、民间建筑、民间文艺、婚俗禁忌、趣事传说等，赋予乡村旅游很深厚的文化内涵，并使民间文化充满了一定的神秘色彩，这些对于城市游客来说，具有极大的诱惑力和吸引力。它们构成了乡村人文旅游资源的核心，是乡村人文旅游资源的灵魂和精髓所在。如黎族织锦：腰织机讲述织锦文化（图3-6）。

图3-6　黎族织锦：腰织机讲述织锦文化

第三节　乡村人文旅游资源的价值与作用

一、价值

1. 文化价值

很多乡村作为民族文化的发源地和展开地，其人文旅游资源是极具人文历史价值的民族文化遗产，为游客追思和探寻民族文化起源提供了鲜活丰富的素材；其浓郁的乡土文化气息，是吸引游客品味乡村文化最主要的因素。当代人文旅游资源价值必将随着其文化价值的提升而获得更大的发展空间。

2. 审美价值

乡村人文旅游资源为高层次的审美活动增添了淳厚的历史文化和乡土文化色彩，使游客能够透过优美的乡村景观，跨过眼见的美，感受到其独特的历史文化特色，从而获得高层次的审美体验。

3. 经济价值

文化是旅游的核心吸引力，乡村人文旅游资源也必然成为乡村旅游的核心吸引力，因此，乡村人文旅游资源的开发具有巨大的经济价值。

案例

凝聚山水人文资源　打造乡村旅游精品

龙驹镇山清水秀，文化厚重，旅游资源丰富。近年来，该镇积极推进产业融合发展，建设一批有特色、有档次、有吸引力的乡村旅游精品，不断拓宽农民增收渠道，助力深度脱贫攻坚。

攀登梯道赏景健身

"打阵坪梯道确实是个休闲游玩的好地方。"中秋假期，家住万州城区的市民秦东专程到龙驹镇体验了一番乡村游，"去了打阵坪，还去了几处老宅院，觉得可以游玩的地方真不少。"

"打阵坪梯道处于龙驹场镇对面，是场镇居民休闲健身的好去处。茶余饭后或周末假日，邀三五好友登梯道，健身又赏景，成了许多人的选择。"场镇居民李文福说，"不仅附近居民喜欢到大梯道游玩，还有不少人慕名前来登山。"

古桂花开香满山村

秋天的龙驹镇花坪村龙脊岭山上，古桂花树花开正盛，香气袭人。

"龙脊岭的古桂花树开花了，老远都能闻到香味，真的好安逸。"不少人在朋友圈晒出照片，表达喜悦。这棵古桂花树枝干粗壮，枝叶繁茂，花开满枝。远远望去，只见古桂花树亭亭如盖，像一朵升腾的绿色的云。粗壮的树干，需要3个成年人才能合抱。站在树下抬头一望，枝叶遮天蔽日，看不见天空。据村民介绍，这古桂花树守护了村里的几代人，祖辈见到这棵树的时候都是一棵参天大树，树龄估计有几百上千年。

花坪村"第一书记"李小军说，村里将把古桂花树打造成一个景点，和古民居、绿色产业一起，发展乡村旅游。

加强文化遗产保护

在龙驹镇境内，古宅院不少，向东村谭氏大院、花坪村龚家院子等就是其中的代表。谭氏大院还被收入重庆市首批优秀历史建筑名录，它由两个四合大院组成，总建筑面积达6 455.5平方米，共有房屋116间，其雕刻精美的板壁、古朴大气的石雕，无不蕴含着厚重的历史。

龙驹镇在加强农村文化遗产保护方面，积极争取政策和资金对向东村谭家院子实行连片保护和适度开发。目前，谭氏大院文物维修工程已经开始，修复完成后，这些文化遗产将彻底活起来，发挥其旅游文化价值。

在挖掘文化的同时，龙驹镇在产业上注重实施好万亩花椒、万亩伏淡季水果、万亩茶叶柠檬、万亩中药材为主要支撑的"四万产业链工程"，以绿色产业推进乡村旅游。

（来源：万州时报 2018-10-13 http://dpaper.sxcm.net/wzsb/html/201810/13/node_02.html）

案例提示：在乡村自然旅游资源的基础上，利用古宅院等人文旅游资源画龙点睛，使乡村旅游产品的文化价值和审美价值得到大幅度提升。

二、作用

1. 构成了乡村旅游产品的核心吸引力

乡村人文旅游资源是形成乡村旅游产品吸引力的核心资源。游客的消费体验永远是具体的。同样是乡村旅游，但是，每一处风景都是不一样的；同样是吃、住，但是每个村的特色都是不同的。只有这样，乡村旅游才能以自己的特色吸引市场。同样的事物，之所以能够给人不同的体验，往往是风俗习惯造成的，或者说是不同的地方文化造成的。因此，只有从人文的角度深入挖掘其文化内涵，才能开发出与众不同的、具有吸引力的乡村旅游项目。

2. 决定了乡村旅游产品的品位

一个乡村旅游产品是否粗制滥造，除了开发技术上的问题，主要取决于其乡村人文资源开发的深度和准确度。开发深度不够，产品的文化内涵得不到充分展示，产品的特色就不会鲜明；开发的准确度不够，产品就会脱离乡土文化，失去内涵，使乡村旅游的可品味性大大减弱。因此，从文化的角度把握好乡村人文旅游资源的开发，才能打造高质量高品位的乡村旅游产品。

小思考

只有农产品是开发乡村旅游的主要资源，对吗？

思考要点：错。农产品只是乡村旅游资源类型之一。乡村丰富多彩的自然资源、乡民生活，虽然不是农产品，但都可以开发成重要的乡村旅游产品。

☆ **学习活动 3**

乡村人文旅游资源考察

活动目标：具体了解和感受乡村人文旅游资源，获得感性印象。

活动时间：半天。

活动步骤：

步骤 1：组成两个人以上的考察小组，也可以个人考察。

步骤 2：就近选定一个村庄，通过访谈、座谈等了解该村庄的人文旅游资源情况。

步骤 3：根据考察和交流，系统列出该村庄各种类型的人文旅游资源，形成一篇 500 字以上的旅游资源考察报告。

活动反馈：

注意按照本书介绍的乡村人文旅游资源类型进行寻找和鉴别；

特别注意不要忽视比较抽象的乡村民俗文化旅游资源。

第四节　乡村人文旅游资源的直接开发

一、定义及对象选择要点

1.定义

乡村人文旅游资源的直接开发指将具备形成旅游产品条件的乡村人文旅游资源直接开发为旅游产品的过程。

2.对象选择要点

乡村人文旅游资源类型复杂，有的具备开发为旅游产品的条件，有的不具备开发为旅游产品的条件。其对象选择的要点可参考以下几个方面。

（1）有深厚历史文化积淀的人文资源

有深厚历史文化积淀的人文资源，如文物、古迹等，可以展示乡村独特深厚的文化底蕴，可以形成深邃厚重的乡村文化主题产品。

（2）可参与性强的人文资源

可参与性强的人文资源，如水果、蔬菜等采摘活动，可以引发游客兴趣，吸引游客参与，形成活泼有趣的互动性乡村旅游产品。

（3）有趣味性的人文资源

有趣味性的人文资源，如捕鱼、捉蟹、垂钓等，可以吸引独特的市场群体，形成专项性的乡村旅游产品。

（4）有本地文化代表性的人文资源

有本地文化代表性的人文资源，如"闹军坡"活动等，是海南乡村最为普遍的民俗活动，是有地方文化代表性的传统人文资源。各类乡村都有类似的有代表性的民俗活动，这类资源可以被开发成具有特色的乡村人文旅游产品。

二、目标

1. 依托乡村人文旅游资源形成能够产生市场吸引力和竞争力的旅游产品

用于直接开发的乡村人文旅游资源，应形成使乡村旅游走向市场的产品，如果乡村旅游产品不能产生市场吸引力和竞争力，那么乡村旅游的发展就不会长远持久。因此，形成能够产生市场吸引力和竞争力的乡村旅游产品是乡村人文旅游资源直接开发的基本目标。

2. 人文型乡村旅游产品能够产生可量化估算的经济效益

直接开发的乡村旅游产品必须能够产生可以量化估算的经济效益。因为在乡村旅游的市场运行中，各种投入、投资都是有市场尺度的，乡村旅游产品不能产生可观的经济效益，进一步的投资就会受限，乡村旅游也会失去持续发展的动力。

3. 乡村物质和文化生活的丰富和水平的提升

直接开发的乡村旅游产品不同于单纯的商品，这是由乡村旅游的性质决定的。乡村旅游的发展不是纯经济运作，提升乡村物质和文化生活水平是其基本目标之一。因此，乡村旅游产品必须肩负起赋予乡村物质和文化生活丰富多彩内容的责任，使乡村旅游产生经济效益的同时产生良好的社会效益。

案例

巴彦高勒镇：打造生态环境美、生活气象新的特色小镇

黄河三盛公国家水利风景区边有座黄河风情小镇，这里集观光、餐饮、娱乐、住宿为一体，建设了黄河观光楼、环湖路，还有渔村度假村、飞行营地等，可谓一处"水陆空三栖"旅游景区。

这个景区是内蒙古巴彦淖尔市磴口县巴彦高勒镇实施乡村振兴战略中的一颗重要棋子。该镇还计划打造沙漠治理生态区和盐碱地改良实验区，走出一条生态环境美、生活气象新的乡村振兴之路。

巴彦高勒镇党委书记黄晓峰表示，巴彦高勒镇紧邻黄河三盛公国家水利风景区，境内有奈伦湖、冯玉祥西北军粮仓等旅游资源，拥有丰富的光热资源和水利资源，而且交通十分便利。

具体实施路径上，巴彦高勒镇将首先打造黄河风情小镇旅游区。一是将巴彦高勒镇现有的旅游资源纳入磴口县黄河风情小镇旅游总体规划进行提档升级，努力打造"一带（即沿黄河经济带）、三路（即堤防路、磴二路、沈乌路）、一个中心圈（即冯玉祥粮仓、瞭望塔、奈伦湖、南湖、北海、翠心湖、西翠湖旅游线路圈）"的镇内旅游框架，围绕旅游线路发展设施农业采摘、休闲垂钓、现代农耕体验等休闲体验性农业。二是借助建设黄河风情小镇的有利时机，鼓励农牧民在城区主要出入口及沿黄河一线发展农家乐、渔家乐等餐饮服务业。三是全面实施"旅游+"行动，推进旅游与农牧业、文化体育、城乡建设、脱贫攻坚融合发展，进一步完善旅游产业链，实现游客引得进、留得住、能消费，真正让乡村旅游业火起来，让老百姓富起来。

"沙漠治理是我市推进山水林田湖草综合治理的一个重要方面。为此，我们将打造5 000亩沙漠治理示范区。今后一个时期，我们要立足自身优势，把握有利时机，培育壮大优势农牧业，打造以光伏小镇建设为重点的沙漠治理示范区。"黄晓峰说。具体来说，一是画好"金沙小镇"这幅画。以磴口县光伏园区为基础，打造农光互补、林光互补、渔光互补、牧光互补的现代化农业科技示范区，大力发展延伸"生态治理+扶贫、光伏产业+扶贫"等产业链，推动一、二、三产融合发展，打造集观光旅游、鲜果采摘、休闲垂钓、文化娱乐、食宿餐饮、农耕体验和现代化农业发展示范为一体的特色小镇。二是打好"沙漠治理+"这张牌。按"产业治沙"的思路，将沙漠治理与设施农业相结合，打造绿色有机高端农畜产品基地；与中草药种植相结合，大力发展以肉苁蓉为主的中草药材种植加工产业，逐年增加黄芪、枸杞、连翘、甘草等中草药种植面积；与经济林果种植相结合，积极发展以种植酿酒葡萄、苹果梨等为主的经济林果业；与新技术相结合，大力发展以沙漠水稻种植为主的新型种植业及以稻田鱼、稻田鸭、稻田虾、稻田蟹为主的新型养殖业，实现沙漠变良田、沙漠变绿洲。

（来源：巴彦淖尔日报2018-07-23 http://115.236.76.50/bynerb/html/2018-07-23/content_46224_296253.htm）

案例提示：从人文角度，设计巴彦高勒镇内旅游框架、实施"旅游+"行动、打造5 000亩沙漠治理示范区，以及农光互补、林光互补、渔光互补、牧光互补的现代化农业科技示范区等，形成独具特色的旅游市场，丰富了乡村物质和文化生活，并产生了良好的经济效益。

三、原则

1.遵从文化原则
乡村人文旅游资源开发必须遵从本土乡俗文化的特质和特殊性，不能随意引入文化，以免造成当地居民心理和社会层面的冲突，得不偿失。

2. 适应市场原则

适应市场就是找到市场需求，并力求使产品满足市场需求。乡村人文旅游资源开发的基本目的就是使产品走向市场，产生经济效益。因此，适应市场是其直接开发要遵守的原则。

3. 效益原则

乡村人文旅游产品既需要走向市场，实现经济效益，又需要促进乡村精神文化水平的提升，产生良好的社会效益。忽略社会效益、只追求经济效益的开发是不可取的，也必将是失败的。

案例

乡村旅游开发失败案例反思，任何成功都需方法

最近了解到不少朋友在打听我国乡村旅游有哪些失败案例，想通过这些案例引以为戒。的确，有成功就有失败，而成功往往是建立在失败的基础之上的。今天就和大家一起来看看乡村旅游开发中的失败和成功案例，并通过案例来反思我们应该如何去做。

陕西的龙头村和袁家村在发展乡村旅游的过程中呈现出一冷一热的强烈反差，袁家村的乡村旅游和农家乐可谓是越做越大，而龙头村在火热了一阵之后却变得生意冷清。

1. 龙头村：青山秀水却生意冷清

走进位于陕鄂渝交界处的安康市平利县龙头村，一眼望去，"白壁、青瓦、马头墙、格子窗"的徽派民居建筑群与青山秀水的美景相映成趣。龙头村共有846户3 176人，全村面积35平方千米，耕地3 900亩。龙头村距县城5千米，距离省会西安五六个小时的车程。

事实上，从三四年前开始，龙头村在政府的主导下，很快就建起仿古一条街、秦楚农耕文化园、观光茶园等特色景观，其基础设施和生活条件得到明显改善。然而好景不长，在2012年风光过一阵子之后，从2013年开始龙头村便逐渐冷清，除重要的节假日外，这里游客稀少，早先修建的酿酒、豆腐等10个具有当地特色的作坊，已有三四家关门停业，仿古一条街两侧的商铺也基本成为"摆设"。一位村民说，虽然建起了特色民居，但没有太多挣钱的路子，带动不了经济发展。

2. 袁家村：缺山少水但越做越大

礼泉县烟霞镇袁家村地处关中平原，全村共有62户286人，土地面积660亩。这里缺山少水，自然和人文条件均不突出，也不是政府重点扶持的"典型村"。但这个村的村干部们带领村民们想办法、出点子，齐心协力硬是以独具特色

的关中农家乐特色旅游打开了一片发展的新天地。

当然袁家村的发展也并非一蹴而就。一些村民最初认为，搞乡村旅游必须有好的自然风光，而袁家村"缺山少水"，吸引力较弱。开办袁家村第一家农家乐的张淑玲回忆起创业历程，至今仍十分感慨。"当时村领导为了带动大家不知费了多少心，又是带村民去外地参观，又是劝说鼓励，但大多数人还是不为所动。"张淑玲说，为开办农家乐，她已记不清和丈夫吵过多少次。

"结果证明，村领导真有远见。"张淑玲说，不过几个月，她家农家乐就生意盈门。于是她索性辞掉村里水泥厂的工作，专事经营农家乐。现在，袁家村汇聚了农家乐、特色小吃、关中民俗展示等丰富多元的旅游业态，随时吸引着中外游客及参访者。

3. 两个村发展一冷一热的原因

据龙头村当地村民介绍，龙头村核心景区范围约 9 平方千米，涉及村民 550 户，其中约 90% 的农户都将土地流转了，流转土地面积达 2 000 亩，目前流转费用约为每亩 750 元。

但是，由于旅游产业尚未做强，同时村里也未形成其他规模产业，农户们在土地流转后很难找到其他致富门路，青壮年劳动力基本在外打工。村民姜宏伟感叹道："政府打造一个好的环境，如果人都出去了，就失去意义了。"

而在袁家村，发展的主要动力是乡村自身。全村整体发展约有一个多亿的投资，其中村集体和村民投入就有六七千万元。

袁家村持续发展的精髓是不断创新产业形态。在村干部的带动下，袁家村先是建起农民个体经营的农家乐，后来又建了特色小吃街，引来特色餐饮、旅游商品等资源，提升了乡村旅游层次。随后又打造"月光下的袁家村"，发展酒店住宿、酒吧等夜间经济，还通过成立股份公司、群众入股的方式，实现"全民参与、共同富裕"。

良好前景让外出打工的袁家村人纷纷回村。2007 年，郭争光和妻子王艳从打工地南京返乡开办农家乐。打工时，他们两人一个月收入 2 000 多元，而现在他们的收入是当时的 10 倍。据村干部介绍，现在每户村民能保证年入 20 万元，在外打工的 20 多名年轻人也几乎全部回村发展。袁家村还带动了周边 10 个村发展，吸纳了超过 2 000 名外村民众来此就业。

4. 美丽乡村建设的思考和启示

部分专家和基层干部认为，美丽乡村建设的根本目的在于造福农村和农民，而产业发展无疑是关键。因此，一方面要重视对接市场、做大做强产业，另一方面也要防止简单的模式复制。

礼泉县县长王强民说，袁家村这种自下而上的发展方式主动性强，能够通过带动村民的发展带来人气，增加村民收入。平利县委书记郑小东表示，虽然对龙头村来说，在建设初期政府投资主导是十分必要的，但只有走向市场做强产业才能实现持续发展。

长安大学旅游规划设计研究所所长丁华教授曾分别考察过龙头村和袁家村。在她看来，袁家村的发展是比较典型的市场导向，因为能做到不断地推陈出新，而龙头村缺少市场引领和产业带动，因此发展缓慢。多次到访龙头村的云南大学旅游系教授杨桂华认为，龙头村需要运用好自身资源禀赋，大力提升服务设施、服务质量，特别是要加强产业融合。在调研中，记者深切感受到美丽乡村建设还必须要有好的领头人和具有凝聚力的村班子。在袁家村，无论是带领村民发展的干劲，还是发展谋划的眼光，以及制订发展规划后的执行力度和管理手段，村干部的工作都相当到位，深受村民支持和拥戴。

通过这两个村子的乡村旅游状况进行对比，我们可以清楚地看到，成功需要方法和正确的导向，不能凭空来风，只顾自己的主观意识而不顾市场客观需求，乡村旅游如此，农家乐如此，事事皆如此。

（来源：搜狐号 露营天下 2017-05-12 https://m.sohu.com/a/140105742_539783）

案例提示： 不遵从乡土文化，不研究市场需求，进行简单粗放的模仿复制，引入仿古街等做法，使乡村旅游产品无法形成市场引领及产业带动作用。所以，不研究乡村旅游市场，忽略市场需求，运营过程中必然遇到可持续发展的难题。但是，遵循市场需求导向，制订适宜当地情况的发展规划，采取正确执行力度和管理手段，即使未投入大量资金进行仿建，仍然可以形成积极主动的乡村旅游市场发展氛围。

四、方法

1. 修旧如旧法

修旧如旧法主要是根据开发对象的历史原貌，进行恢复和修缮。

案例

陕西又添乡村旅游新秀　修旧如旧更重文化发掘

喜欢乡村旅游的朋友注意了，今天（2016年5月1日），一个新的乡村游项目——礼泉县烟霞镇"官厅—回归之旅"文化旅游项目在官厅村正式启动，而由陕西广播电视台发起的大型媒体活动《美丽陕西在耳边》今天走进了礼泉县官厅村。

礼泉县烟霞镇"官厅—回归之旅"文化旅游项目，作为美丽乡村文化旅游的"后起之秀"今天正式启动，在唐文化遗址的基础上，按照"修旧如旧"的原则再现了官厅村从唐代到明代一直到现代的建筑群落，打造了一个民俗与时尚并存、传统与现代相映的乡村文化旅游项目。新旅游项目在保护古村落的基础上发展乡村旅游的典型性，也引起了媒体的关注，由陕西广播电视台发起、数十家媒体参与的大型媒体活动《美丽陕西在耳边》今天走进礼泉县官厅村，采访团通过联合采访报道的形式，将官厅村美丽乡村建设及传统村落保护、唐文化旅游资源与关中民俗文化相结合的文化旅游项目，向省内外推介。

礼泉县"官厅—回归之旅"文化旅游项目负责人刘勇："那么在这个地方我们光是要领略餐饮文化呢？还是要领略到更多的礼仪文化，比如说过去男子娶媳妇，它有哪些仪式？怎么样去举办？下一步我们还能看到我们的农耕文化，这也是我们打造的一个亮点。"

在启动仪式上，在央视春晚上亮相的《华阴老腔》的著名演员、演奏家演出的唢呐演奏、板胡《秦腔曲牌》和《十二八镰刀》、歌曲《父亲》等精彩的节目，让官厅村的群众及游客也大饱眼福。

（来源：西部网–陕西新闻网 2016-05-01 http://news.cnwest.com/content/2016-05/01/content_13799456.htm）

案例提示：修旧如旧式的开发较好地保留和发掘了地方文化，形成了蕴含丰富文化精髓的乡村旅游产品。

2. 乡情感染法

乡情感染法是通过打造某种类型的特殊乡情，形成有乡土感染力的乡村旅游产品。

案例

悠悠乡情吹响乡村振兴号角

一只大雁的归来说明不了春天，但当一群大雁冲破初春的雾霭时，春天就真的要来了。恋乡的乡贤犹如这一只只恋家的大雁，为家乡办教育、建医院、办田园综合体……乡贤，如旗帜、如标杆、如镜子，释放出无形的感染力、引导力，带动更多人前行。如今在紫金山下，群贤集聚，聚沙成塔，吹响了紫金乡村振兴的集结号，一幅美丽乡村的画卷正在秋香江两岸徐徐展开。

党的十九大首次提出实施乡村振兴战略。3月7日，习近平总书记参加十三届全国人大一次会议广东代表团审议时，寄语广东要以新的更大作为开创广东工作新局面，在构建推动经济高质量发展机制、建设现代化经济体系、形成全面开放新格局、营造共建共治共享社会治理格局上走在全国前列。

引导乡贤助力乡村振兴，紫金县已走出了自己的路子。目前，紫金有20多万乡贤在珠三角等地区工作和生活。近年来，紫金县大力挖掘"乡贤"资源，引导乡贤积极投身家乡建设。无论是在产业发展，还是在乡村振兴，或是在各项民生实事的实施中，都能看到紫金外出乡贤的活跃身影，如紫城工业园建设有外出乡贤回乡创业的身影，新乡村建设中有外出乡贤的热情支持，招商引资中有外出乡贤牵线搭桥，在紫金县人民医院新院等民生项目建设中，有大批外出乡贤的鼎力相助……

一缕深深的心底乡愁，一种浓浓的血脉亲情，使越来越多的乡贤关注家乡的建设和发展，热爱家乡、反哺家乡成为乡贤们的共同祈愿。

白发高堂游子梦，青山老屋故园心。在市区住了三十多年的老艺术家成木源回乡过春节时，发觉热闹中尽是枯燥浮华，传统尽失，毅然卖掉城里房子，搬回老家连平高莞中平村，办起艺术馆，建起"中平文化路"。他回乡后，每年坚持义务为村民写对联，重拾乡村文化和传统文化。

成木源说了一句意味深长的话，现代乡村需要重新构建，不应该只是山清水秀，也不应该仅仅是民风淳朴，更不应该成为被遗忘的苍茫荒凉之地，它是我们的根，是传承的摇篮，需要每一个与它曾经或依然息息相关的人共同努力。

叶落归根，像老艺术家成木源一样，不少乡贤有退休之后回老家定居的想法，一可为城市年轻人留出更多发展空间，二可为村里的孩子们讲讲外面的故事，为追梦的家乡年轻人提出建议等。紫金引导乡贤助力家乡建设的实践证明，乡贤是乡村振兴不可或缺的一股重要力量。乡贤的回归，有助于发挥乡贤资源、人脉等优势，把先进发展理念和优秀项目带回家乡、建设家乡，为村庄发展出谋划策、出资出力，带动乡村经济发展，促进乡村繁荣，改善农民生活条件。确实，乡贤虽然没有正式头衔，却是"魅力权威"，通过自己的人脉、资源以及经济实力，帮助家乡建设，进一步提高生活质量，实现美好生活需要。

乡村的绿水青山已成为人们寻求"诗意栖居"理想之地、健康养生的归宿之所，乡村中那些环境优美、空气清新的田园村落、特色小镇将成为新财富积累的落脚点，乡村将成为井喷式消费之地。这不，源城区五村连片开发乡村休闲旅游业，紫金苏区乡村田园综合体建设也已拉开序幕。

不求青史留芳名，但愿家乡更美好！人生不老最是乡愁。所有的感慨，在这个行色匆匆的新时代，都是荒废时光，这是一个需要奋斗的新时代。新时代，当投入一场伟大的奋斗。笔者欣慰地看到，乡村振兴，反哺乡村，乡贤经济正在紫金奋力生长。笔者愚见，紫金县倘且能如此，其他县区何尝不能如此呢，全市五县两区何不"赛赛马"，晒晒各自乡贤为乡村振兴做了多少实事，也让乡贤"长长脸"？

（来源：河源晚报　张涛 http://www.hynews.org/2018/pinglun_0504/54222.html）

案例提示：以产品表达乡情，以乡情感染人，吸引投资和消费双重市场，可获得乡村旅游资源开发的巨大成功。

3. 故事演绎法

故事演绎法是通过有乡土特色的趣事、传说等，将乡村旅游资源串联起来，形成特色乡村旅游产品。

案例

武穴借《西游记》故事发展旅游

武穴市余川镇桃树岭村老屋场后山坡上机器轰鸣，车来人往，刚刚动工的"匡山西游文化体验园"四大项目之———占地450亩的湖北蟠桃园旅游度假区内，工人们正在紧张施工。

武穴市横岗山旅游风景区管理处副主任朱志勇说，建设中的蟠桃园度假区首期投资5.1亿元，位于余川镇桃树岭村，以桃树岭、青龙洼、四斗水库、牛头寨、老屋场等为项目载体，重点展示以大闹天宫为主题的西游文化元素，将打造神仙湾、两界山、蟠桃园、瑶池、福寿宫、齐天大圣府等西游文化景点。

据介绍，匡山西游文化体验园是一个承载着众多西游文化元素的项目，集观光旅游、文化体验、科技娱乐于一身，分通天河、仙人湖、蟠桃园、小西天四个项目，总占地面积约50平方千米，总投资约85亿元。

武穴市缘何打造《西游记》文化景区？朱志勇介绍，明代作家吴承恩晚年任职蕲州荆王府，并在此创作了长篇神话小说《西游记》。武穴是蕲州属地，其北部的匡山被学界认为是《西游记》成书背景地，小说中的高山、深涧、壑谷、奇峰、怪石、仙药、瀑布、飞禽、走兽都能在匡山找到原型。早在隋朝时当地就有为百姓驱赶野兽守护平安的神猴传说，隋末唐初建有"西来寺"贡奉神猴。寺西南的桃树岭，传说神猴在此栽种桃树，是王母娘娘的蟠桃园原型地。山下有藏秘洞，洞内泉水叮咚、洞外瀑布流淌等情形，与小说里花果山水帘洞所描写相对应。"匡山风物与《西游记》情节相吻合的有百余处之多，是发展文化旅游的难得资源。"余川镇党委书记饶维学说，在全国知名《西游记》专家学者多次踏勘论证基础上，武

119

穴市决定打造匡山西游文化体验园，带动美丽乡村建设，推进乡村振兴。

目前，以峡谷、奇石、丛林、石刻、古洞、瀑布等自然景观为载体，结合通天河、碧波潭、仙人桥、凌云渡、藏秘洞、头陀寺等文化景点的通天河西游探秘区已初具规模；仙人湖水上乐园主要建设西游水世界、自然观人人文观光园、水生科普展馆、康养休闲中心、水下观光旅游项目等，一期工程已建成开业；小西天灵山朝圣区将于明年3月动工，将凸显"取经成佛"文化主题，形成集朝圣、参禅、悟法、论道等为一体的西游文化展示区。"匡山西游文化体验园项目全部建成后，将有望成为全国知名的西游文化景区，力争实现年接待游客量100万人次。"朱志勇信心满满地说。

（来源：农村新报 2018-12-01 http://ncxb.cnhubei.com/html/ncxb/20181201/ncxb3299749.html）

案例提示：用《西游记》故事串联各种乡村旅游资源，形成处处有故事的故事村，开发出了独特的乡村旅游产品。

4. 合情创新法

合情创新法是在遵循本土文化的特点和规律的基础上，结合新颖的文化创意和新的现代发展技术对乡村人文旅游资源进行丰富和提升，形成创新型乡村旅游产品。

案例

文化创意让乡村旅游弥漫"艺术范"

日前，国家旅游局公布了第三批"中国乡村旅游创客示范基地"名单，在入选的40个基地中，四川有两个富有文化创意的项目入选，分别是龙泉驿区洛带古镇文化艺术创客基地（简称洛带创客基地）和郫都区青杠树村香草湖文旅创客基地（简称香草湖创客基地）。

记者从四川省旅游发展委员会了解到，在前两批公布的示范基地中，邛崃明月国际陶艺村乡村旅游创客基地、崇州道明竹艺村乡村旅游创客基地分别入选。根据参选标准，入选的创客基地须满足"乡村旅游创客集聚""创业特色浓厚""创业前景广阔""旅游创业政策落实"等条件。以洛带创客基地为例，按照这些标准来打造，造就了一大批高水准的文化艺术创业型企业，为我省乡村旅游转型升级竖起了标杆，引领乡村旅游迈向"艺术范"。

吸引创客入驻　乡村旅游弥漫"艺术范"

洛带创客基地为何能入选今年的"中国乡村旅游创客示范基地"？记者在采

访中了解到，该项目是龙泉驿区洛带古镇中国艺库园区的一部分，利用废弃粮仓改造而来，占地约200亩，又被称为"艺术粮仓大学生创意孵化园"。

该项目负责人陈学建告诉记者，洛带创客基地依托国家4A级旅游景区洛带古镇和"艺术院校大学生创业孵化园"，以文化创意产业为核心，辅以餐饮、娱乐、购物等文化旅游业态，吸引了来自国内外不同地区的100多名创客，还有苏丹、张修竹、周晓冰、张桐胜等20余位名家前来设立美术、书法、摄影等工作室，聚集了包括绘画、雕塑、书画、陶瓷、演艺、艺术衍生品在内的30余家高端文化艺术机构，初步形成了文化艺术创作、艺术展览、艺术拍卖、艺术产品研发等完整的文化艺术产业链，文创氛围已然形成。

浓厚的创业氛围让该基地的孵化成果斐然。目前，在洛带创客基地成功创业并在省内外有一定影响的文化艺术品牌达10余个，成功孵化出数十名年轻艺术人才。同时，该基地借助洛带古镇年均500多万人次的游客资源，成功孕育出诸如青年客栈、艺术衍生品集约店、客家生活体验馆、主题客栈集群、艺库培训基地等众多优质众筹项目，实现了文化艺术创客基地与古镇旅游互动发展，催生出更多更鲜活的旅游业态。

推陈出新　用现代技术打破传统

香草湖创客基地位于郫都区青杠树村，是今年四川入选"中国乡村旅游创客示范基地"的又一项目。今年初，青杠树村成功创建为国家4A级景区，通过充分运用现代技术，催生了众多新兴旅游项目，乡村旅游转型升级态势良好。

记者采访了解到，在文化创意方面，香草湖创客基地利用现代技术对传统手工艺进行复兴，并结合当地实际，创新旅游产品，聚集了包含绘画、蜀绣、扎染等在内的传统文化艺术机构20余家，形成了一条集工艺创作—艺术展览—产品销售于一体的完整产业链，成功孕育出主题酒店、民宿、生活体验馆、房车露营等多种新兴项目，打造出具有一定知名度的乡村特色住宿品牌5家。此外，该基地还借助"互联网＋"的创新创业思路，将现代化高新技术融入乡村旅游项目的开发中，使传统生产业态焕然一新。

青杠树村2012年开始大力发展乡村旅游，一直以特色旅游和都市农业为产业发展重点，目前已拥有各种类型农家乐近100家。通过吸引创客入驻，引进了智慧农场、汀香度假酒店、蓉绣坊、飞越丛林、骑游公园、马术山庄、爱尼庄园等50余个乡村文化旅游项目，再加上现代技术的运用，吸引了众多游客参与到农业生产活动中，在乡村旅游中获得真真实实的体验感。去年，青杠树村共计接待游客108.9万人次，实现旅游产值2584.8万元，香草湖创客基地也收获满满。

（来源：四川日报 2017-11-08 https://epaper.scdaily.cn/shtml/scrb/20171108/177601.shtml）

案例提示：依托本土文化资源，大力发挥想象，通过文化创意和现代技术，打造出全新的乡村旅游产品系列。

5. 情趣引导法

情趣引导法是通过利用某种有情趣的事物或者方法、方式，吸引市场，形成乡村旅游产品。

案例

热气球上瞰花海　菜田里自助烧烤　四川乡村旅游情趣多

亲，春暖百花开的季节已经过半，今年你约上亲朋好友出游了吗？面对花海、暖阳，你是否仅仅开车到郊区，换了张桌子打麻将？对于乡村旅游，你若还停留在耍农家的基础上，那就 OUT 了！

3月25日，四川省第六届乡村旅游文化节开幕，一大波特色活动"来袭"，现在的四川乡村旅游早已大变样子，变得新奇又好耍，今天为大家掀开"面纱"的一角，带你用另类耍法玩转四川乡村旅游，绝不辜负这一季好春色。

太过"接地气"？那就飞上天

一提到乡村旅游，很多朋友脑海里都会蹦出"接地气"一词。不过，现在的乡村旅游却反其道而行之，已经可以让你"两脚不沾地"。本月，油菜花、樱桃花、桃花、梨花、李花已经争相开放，2015彭州"牡丹花海"乡村旅游节暨葛仙山田园赏花节也正式启动，该活动将一直持续春夏两个季节，让游客能尽情畅游，随心享受自然之美。为了让游客有不同体验，今年主办方专门设置了"乘坐热气球赏花"项目，从空中鸟瞰花海。

"虽然都是看惯了的花，但从空中看是第一次，真是太美了。"体验过热气球项目的重庆游客龚艳说道。据了解，每一个热气球最多容纳6名成人，设置飞行高度为120米，还有专业人员和器材配备，让游客在体验新奇赏花角度的同时也不减安全系数。除了热气球，"脚不沾地"的乡村旅游项目还有滑翔翼。以花为媒，以旅游节庆为驱动，绵竹市第十七届梨花节也拉开了帷幕。广大游客在赏花、采摘的同时，还可以到九龙滑草场体验山地滑翔的刺激。在南充凌云山风景区，山谷间也有滑翔翼项目"凌云飞翼"，该项目跨度500米、落差近50米，峡谷最深处近100米。从滑翔翼上纵身一跃，听耳边呼呼风声，看青山绿水和乡村田园从眼下飘然而过，体验像鸟儿一样翱翔天空的快感。

不甘太平常？换个环境"常事"大变样

不少平常事换到一个惬意的新环境后，会产生欢乐加倍的效应。确实，近期在微信和网络上常常能看到大家打趣地称：春季赏花就是换个地方打麻将。无可否认，"花海麻将"的诱惑锐不可当，近期周末各处花海里的麻将桌确实一席难求，但除了打麻将，还有什么"平常事"能搬到花海里呢？

德阳市旌阳区双东镇通江李花园景区内最近可热闹了，菜田自助烧烤吸引着大批游客前来过瘾。菜田里的自助烧烤贴心服务，为游客准备好了一切，包吃饱包耍开心，游客不带炉子不带菜，不买肉来不买菜，只需要带个轻松愉快的心情。莺飞草长三月天，油菜花开满田间。三台县三元镇举办的第二届菜花节上，除了传统农具展示外，还推出了菜花地里打麻将、吃火锅、划船漫游花海等活动，成为市民游客踏青赏春的新亮点。

蜂蜜水大家都喝过，但要是在花田边现场取蜂蜜、喝蜂蜜水自然韵味大变。在为期一个月的崇州赏花节期间，崇州将举办各类丰富多彩的趣味活动，乡村甜蜜体验活动也是一大亮点，游客可以现场观看蜂蜜提取流程，学习和了解蜂蜜科普知识，更可以亲身参与到蜂蜜提取的过程中，通过自己的劳动，尝到世间最甜的蜜。在眉山，运动会被搬到了乡村，趣味十足的乡村运动会为当地乡村旅游增色不少。

不舍美景匆匆？来趟"好摄"之旅

"要破产、玩单反"，这调侃之语已经在网络上流行了很多年，但不管这是玩笑还是"魔咒"，都阻止不了人们爱好摄影、亲近美景的欲望，当一名"好摄之徒"有何不可。四川拥有众多绝美的乡村，乡村摄影之旅也是现代乡村旅游的新玩法。

春季的金川，是一个拥有雪域高原最大规模梨花奇观的世外桃源，大渡河两岸绵延十万亩的梨花，在蓝天的映衬下，一幅"千树万树梨花开"的画卷展开，连"人间仙境"都不足以形容。人们把大金川梨花卓绝的风光归为三绝：山顶的雪花与河谷的梨花竞相争艳；山花乱飞、梨花闹春；雾里看花闻花香。每一个时段，每一个画面，都不容人们吝惜快门。

坐上乐山犍为的嘉阳小火车，可以带你体验从田园回到20世纪的工业穿越之旅。蒸汽式小火车行驶在群山幽壑、层层梯田之中，窄窄的车厢、低矮的车顶、摇摇晃晃缓慢的速度、不时回荡在山间的汽笛声，让我们穿越时空，回到了蒸汽机时代的乡间，如梦如幻。它是目前全世界唯一还在运行的客运蒸汽小火车，是"工业革命活化石"、世界蒸汽机车史上的奇迹。嘉阳小火车附近有一个明崇祯年间建在山顶的船形古镇，这里无处不在"诉说"着百年以前的故事。

地球北纬30°是一条神奇的地带，在这条地球腰线上深藏着人类最古老的文明遗迹和死海等众多世界自然奇观。又是在神奇的地球北纬30°，在中国西部最典型的高山峡谷地区——北川的密林中藏着世界上最大的古辛夷花药树林。辛夷花是药王谷最著名的药花，也是世界上最壮观的花。每年4月成片的辛夷花和依山成势的野花次第开放，缤纷灿烂、如烟似霞，粉红色的梦中，时而下起辛夷花雨，漫步其中，似误入了瑶池仙境。

（来源：川北在线 2015-03-28 http://www.guangyuanol.cn/luyou/20150328/351812_3.html）

案例提示："乘坐热气球赏花""花海麻将""客运蒸汽小火车"是针对市场特点设计的情趣性项目，成功地吸引了市场的注意力，带动了乡村旅游全面发展。

6. 体验感受法

体验感受法是通过吸引游客参与、感受和体验活动，形成有游客直接参与进来的体验型乡村旅游产品。

案例

互动体验成为乡村旅游新亮点

在古朴厚重的关中民居前喝一杯咖啡，在秦腔戏台前听一场演唱会，在风光旖旎的田园秋色里过一次慢生活……

刚刚过去的这个国庆长假中，不少游客惊喜地发现，西安乡村旅游告别过去的"吃饭钓鱼"单一经营模式，互动体验和适合年轻人的游乐项目成为今年新亮点，游客人数和旅游收入再创新高，全市50多家乡村旅游点7天共接待游客420万人次，同比增长27.6%，实现综合收入8.65亿元，同比增长36.4%。

旅游项目 带流行元素更适合年轻人

10月7日，天空还飘着蒙蒙细雨，尽管是假期的最后一天，蓝田县白鹿原民俗文化村内2 000多个车位的停车场内依然"一位难寻"，自驾车中不乏来自湖北、四川、河南等地车辆。

"真是不虚此行，很早以前就看过陈忠实的《白鹿原》，被里面的生活场景给震撼了，所以这次一定过来感受一下！"来自湖北的游客张先生感叹道。几个小时的游览中，他们不仅看到独特的关中民居，品尝了正宗的陕西美食，还听到了秦腔，观看了斗鸡、舞狮表演，全家人都玩得十分尽兴。

同样，来自西安的马晓峰一家重温了儿时的快乐，在景区稻草游乐园里，数十个稻草制作的卡通造型生动活泼，身为80后的马晓峰说，看到机器猫、阿童木这些卡通人物，一下子回到小时候，连他5岁儿子也玩得很开心，"真没想到这里还有这些有流行元素的旅游项目，希望今后乡村旅游多开发一些适合年轻人玩的游乐项目。"

据介绍，为吸引更多游客，特别是年轻游客群体，今年"十一"假期中，景区还推出了斗鸡、舞狮、赛马、射箭、稻草游乐园等十几个互动性强的游乐项目，还开辟了咖啡馆、酒吧集中地"慢生活区"，受到了市场认可。"十一"期间每天游客接待量都保持在 7 万人以上，最高接近 10 万人。

互动项目 带来不一样的节日体验

根据西安市旅游局与西安市财政局联合制定出台的《关于支持乡村旅游发展的实施意见》，2016 年至 2018 年连续 3 年，我市每年投入 1 500 万元，对乡村旅游的规划、基础设施、特色项目、市场开拓、人才培训等进行重点扶持。

节日期间，记者走访了万花山、上王村、簸箕掌、汤峪等十多个乡村旅游点了解到，告别过去"吃饭钓鱼"的单一经营模式，如今各旅游点都增加了互动性强，尤其是适合游客参与的旅游项目。

在汤峪镇，原先的秦腔戏台变身"群众大舞台"，专业团体进行演唱会表演，游客还可以上台参与；在鄠邑区（原户县）万花山景区，新推出的"南山清风苑休闲农业"亲子互动体验园内，来自西安、咸阳等地的近百个家庭在园内采摘新鲜蔬菜、捡鸡蛋，一起做大锅饭，让孩子与父母在游戏中增加亲情；临潼溪源山庄举办"骊山十三花"民俗宴席万人体验活动；周至凤凰生态园举办梦幻灯光秀、水街举办民俗文化演出等特色活动，为游客带来了不一样的节日体验。

乡村旅游 成为增加农民收入的途径

近年来，我市按照"政府引导、区域化发展、突出特色、提升质量"的发展思路，"以城乡统筹建设发展乡村旅游和扶贫开发"为重点，通过政府积极引导、乡村组织发动、部门重点帮扶等有效措施，乡村旅游工作取得不小进展，也给精准扶贫、增加农民收入蹚出了一条致富途径。

在蓝田县玉山镇，随着蓝田猿人遗址博物馆、流峪飞峡等景点的免费开放，加上今年新推出的自助烧烤园免费开放，以及国际建筑大师马清运打造的玉川酒庄声名鹊起，这个普通小镇变得热闹非凡。据介绍，玉山镇今年"十一"长假期间，游客量、接待人数比往年增加了 3 倍，总共接待了 8 万人以上。随着游客的增加，农民收入也大幅度提高。据统计，通过全域旅游带动，当地农民年人均收入由原来 8 000 元增长到 11 000 元，增长了 27%，成为当地精准扶贫的重要手段。

此外，今年"十一"长假期间长安区上王村接待游客近 6.8 万人次，实现收入 562 万元；蓝田县簸箕掌村接待游客 15.66 万人次，实现旅游收入 20 万元；高陵场畔接待游客 21.7 万人次，实现收入 447 万元；周至水街共接待游客 95.5 万人次，实现旅游收入 1 390 万元。蓝田汤峪共接待游客 39.91 万人次，实现收入 653 万元。鄠邑区李家岩、蓝田汤峪、阎良坡底村等老牌乡村旅游点到处游人如织，游客人数较去年大幅增加。

（来源：西安晚报 2016-10-08 http://epaper.xiancn.com/xawb/html/2016-10/08/content_447926.htm）

案例提示： 秦腔戏台变身"群众大舞台""南山清风苑休闲农业"亲子互动体验园、"骊山十三花"民俗宴席万人体验活动等，都是增强游客体验和感受的做法，通过互动增强体验，激发了游客的兴致，使乡村旅游产品获得市场的青睐。

第五节 乡村人文旅游资源的综合利用

一、定义及对象选择要点

1. 定义

乡村人文旅游资源的综合利用指针对不具备直接开发形成旅游产品条件的乡村人文旅游资源而进行的间接利用的过程。

2. 对象选择要点

乡村人文旅游资源类型复杂，有的具备开发为旅游产品的条件，有的不具备开发为旅游产品的条件。不具备直接开发为旅游产品的人文资源，往往又是非常重要的、不可忽视的资源。对这类资源，必须通过综合利用的方式使其间接服务于能够产生经济效益的旅游资源，形成更有价值的乡村旅游产品。其对象选择要点可参考以下几方面。

（1）烘托型的乡村人文旅游资源

烘托型的乡村人文旅游资源，如民间习俗等，我们常说的"入乡随俗"，就是指的民间习俗。由于民间习俗分散于日常生活中，故很难单独开发。但是它对旅游产品有重要的人文背景的影响，可以在旅游产品中起到烘托作用，提高其内涵和价值。

（2）平台型的乡村人文旅游资源

平台型的乡村人文旅游资源，如民间节日等，节日时汇集的人较多，产生的影响较大，虽然其本身不能成为旅游产品，但是可以为旅游产品提供良好的展示和运行平台。

（3）抽象性的乡村人文旅游资源

抽象性的乡村人文旅游资源，如历史传说、轶事趣说等，只是人们口口相传的，其真假无从考证，即使是真的，也无法直接看到。因此，这类资源不能被独立开发成为乡村旅游产品，但是往往可以成为非常有吸引力的被综合利用的资源。

二、目标

1. 保持乡村旅游产品的原真性，尽量增加其参与性、趣味性和多样性

基于乡村旅游的特点，其原真性非常重要，在乡村人文旅游资源综合利用过程中应尽量保持其原汁原味的风格和特色。另外，为满足游客多样化的需求，对其应拓展内容，丰富内涵，使其除了具有可观赏性以外，有更多的参与性、趣味性，从而提升市场竞争力。

2. 突出旅游产品的文化基调，增加民俗文化厚度

打造具有丰富文化内涵的旅游产品已成为重要的乡村旅游发展亮点和趋势。旅游产品自身的特定文化内涵决定了其生存发展的能力，如果旅游产品没有特色、没有民俗文化内涵，就很难吸引游客，在旅游市场竞争中也就无法保持长久的吸引力和生命力。

案例

北仑着力打造风情特色山水乡村

近年来，围绕全景化建设美丽乡村发展目标，北仑区着力打造"一村一品""一村一韵"的具有北仑风情特色的山水乡村，形成了共建美丽乡村、共享美好生活的良好局面。在北仑阡陌纵横的大地上，涌现出了风格各异的美丽乡村，它们依山就势、傍河就景，错落有致；它们清水绕村、四季花开，令人着迷；它们邻里和谐、互相帮扶，乡风淳朴，农民也在打造美丽乡村升级版中收获着别样的幸福。

走进青山簇拥的秀美山村——春晓街道慈岙村，映入眼帘的是白墙黛瓦的江南民居、层峦叠嶂的青山含翠、绿美相融的自然生态景观，让人不禁赞叹"好一幅清新美丽的乡村冬日画卷"。三山片区依山傍海，山海相望、绿色休闲的生态环境令人流连忘返。河头村位于"中国杜鹃花之乡"的柴桥，在第二批宁波市"最洁美村庄"评选活动中脱颖而出。绿树环绕、花团锦簇，独具"花香"魅力，沿着清澈的大溪坑漫步，崭新的农家别墅随处可见。川流不息的小浃江，江上碧波荡漾、白鹭翩飞，两岸树木葱绿、花草芬芳，这片梦里水乡充满着浓郁的江南韵味……"乡情山水"化作诗与远方，绘织美丽乡村的如诗画卷，成为北仑的一张靓丽请柬。

建设美丽乡村是项长期工程，根治脏乱差，绝非一时整治之功。北仑区制定出台的《关于加快农业供给侧结构性改革　全景化建设美丽乡村的若干意见》，明确以全域景区化的理念和标准开展美丽乡村建设。在北仑，垃圾分类被写入村规民约，并加以落实，展现了以制度化的方式推进环境保洁、卫生整治、美丽宜居的努力。去年，北仑区启动培育了市级合格村、示范村、风景线和示范街道。

案例提示： 从建设人文环境入手，构建优美自然环境，优化人文环境，使整个北仑区乡村旅游得到全面发展。

三、原则

1. 自然化原则

综合利用的乡村人文旅游资源，应被巧妙利用，自然而然地融入产品中，不宜被大肆渲染，喧宾夺主。

2. 生活化原则

综合利用的乡村人文旅游资源，应该与乡村的日常生活融为一体，成为日常生活的一部分。只有这样，才能避免乡村旅游资源的演戏式开发，才能使游客和村民都能够接受。演戏式开发，将引起村民的反感，损害人文生态环境。

3. 艺术化原则

综合利用的乡村人文旅游资源，应能够体现民间艺术的特质，使人能在喜闻乐见的感觉中，体验乡村旅游产品的文化美。

案例

朔城区神头镇打造美丽乡村发展旅游业

端午节前夕，傍晚时分，朔城区神头镇，黛蓝的天空如水墨画荡开一层一层氤氲，星星点点的灯光沿着河岸次第亮起，不一会儿，沿河的花墙、房屋、小桥都被勾勒出如梦如幻的轮廓。一袭碧波变成一湾灯火星海，抬望眼，只见不远处被灯光衬托的神女山钟灵毓秀，神女阁庄严美丽，大王庙分外璀璨，汉白玉雕像拓跋公主挺拔飘逸……金光麟麟的海面倒映出整个小镇的漂亮容颜，在闪烁的灯火中，一切都令人如痴如醉。今年，为了更好地建设美丽乡村，打造旅游经济，汇聚人气带动村民收入增加，进一步建设生态文明，神头镇实施亮化工程，为神头海边的景点、道路和沿河两岸铺设了灯光。

灯亮了，来神头镇观光赏景的游客越来越多了，农家乐越来越火了。村民的腰包鼓了，脸上笑容多了，心如灯一般也亮了。

美丽乡村的历史文化底蕴

神头镇位于朔城区东北 15 千米处，桑干河北畔。政府所在地为东神头村，这里背靠洪涛山，怀抱桑干河，山清水秀，泉群吐玉，景色迷人。冬天千里冰封，万里雪飘，但这里的泉水常年保持14℃以上，泉水清纯，纯如水晶。夏天河滩绿草如茵，水中芦苇荡漾，荷花盛开，鱼儿逗沙戏水，这里素有"塞上西湖"之美称。"云树苍苍拂曙霞，渡头上唤渡头家。断桥流水摇红影，寒雪飞空落鬓华。惊散鸳鸥渔夫掉，吹残星夜成楼笳。山光隐隐朝曦上，已映滩前红蓼花。"曾官居赣城知县的马邑进士武文赋诗吟咏东神头的美景。历史上的文人墨客留下了大量的诗词曲赋歌颂这片神奇的土地。

神头镇不仅有美丽的自然风光，更有深厚的历史文化底蕴。因为有这片水域的滋养，神头泉边走出无数名人，张辽、尉迟恭名垂史册，田翰林、霍巡案、张道官、崔斌、苑论、周德威位列方志，更有近代革命家高程云百团大战中显神威。他们的故事被百姓一次次传颂，有口皆碑。文物遗存甚众，遗址、烽火台20多座，古墓10多座，龙王庙10多座，还有一处知青宿舍旧址。神女山上拓跋公主诞生的三大王神龙飞天传说，有遗迹可寻，美不胜收。

神山秀水，厚重历史，赋予了这方土地得天独厚的发展文化旅游业条件。打造旅游经济，带领村民增收致富，成为神头镇党委政府谋划发展的一个重要方面。

发展文化旅游的致富途径

"活了一辈子也没见过神头这么亮过，这可是件大好事，把心也照亮了，日子过得越来越红火。"八十岁的梁大爷激动地说。神头有端午节过会的传统民俗。今年端午节前，景点的亮化工程让所有人的眼前为之一亮。每天从城市、方圆附近村里赶来的游人越来越多，正赶上小长假，大同、忻州等地自驾来的游客也不少。

神头镇党委书记郝云说："建设美丽乡村有两部分，不仅仅有白天的秀山绿水，也有夜晚的美景观赏，要做美丽乡村加，加地域的历史文化，加村民的精神面貌，加景点的精雕细琢，为将来更好地发展旅游业奠定了基础。现在的基本思路是以东神头村为基点，辐射带动西神头村、吉庄，把文化旅游这块逐步搞起来，使之成为人们休闲度假的清凉胜地，吸引大的旅游集团来投资，发展农家乐、小客栈，带动村民增收致富。"

神头镇已将发展旅游经济作为村民发家致富的"航海灯"。回顾历史，东神头村早在明清时期，已是通往太原、河北、内蒙古的交通枢纽。由于水源充足，该村相继建起了几十座水打磨，榨油大梁120多条，形成了以胡麻油为主的产销链。同时有商行店铺、酿酒作坊众多。神头的声名早已显赫于外。如今，主打文化旅游发展，适逢其时，恰到好处。东神头村曾荣获"2014中国最美休闲乡村——现代新村"称号。

"我们村过端午节可热闹了，有吃的，有玩的，还有大秧歌。晚上到处都是漂亮的灯光，你叫上你们家亲戚朋友都来吧，城里人都往我们这边跑哩……"一位东神头村的小伙子大声地讲着电话，口气里无比自豪。时值端午，来自四面八方的众多游客齐聚神女山，烧香祈雨，求得一年风调雨顺、家人平安，随后饮一瓢甘甜的金龙泉水，傍晚再到神头海赏灯游玩，听一曲嘹亮的大秧歌。代代相传的传统民俗活动悄然增添了新的内容，依然展现出深厚的文化精髓，成为发展旅游经济的重要组成部分。

在现代化的今天，多种举措和技术的应用与这里的环境相得益彰，璀璨的灯光打造出新的美丽篇章。

桑干河畔的一颗璀璨明珠

神头的景点亮了，城里人回来了，吃烧烤，喝啤酒，人气汇聚起来了，大秧歌的吼声响起来了，老百姓的心目中那个辉煌繁华的神头出现在眼前了，对家乡的自豪对明天的憧憬也重新炽热起来了。温暖的灯光不仅照亮了神头的夜，也照亮了村民的心。

铺设LED灯带8 000米、射灯500个、红灯笼200个、串串灯300条，出动人工50人，历时一个月。下一阶段将在景点内规划建设长约300米的音乐喷泉，沿路配置仿古路灯，将神头海的美丽与辉煌点燃。神头镇未来的旅游发展规划更为激动人心，比如，按照历史和传说建造人文景点，建设自然科学科普教育区，建设展览馆，利用水资源发展水上项目等，会托起一个不一样的精彩的神头。

神头镇成为桑干河畔名副其实的一颗璀璨明珠。

（来源：朔州新闻网2016-06-12 http://www.sxsznews.com/html/70/content-244921.shtml）

案例提示：按照自然化、生活化、艺术化的原则，恰当地利用了本地丰富的文化资源，大幅度提升了乡村旅游产品的质量，使神头镇成为山西省著名的文化古镇。

四、方法

1.汇总突出法

汇总突出法是选择符合乡村旅游产品主题的要素，汇总并突出展示，彰显乡村的人文特色。

山西省人大代表牛扎根：特色引领乡村振兴　三产融合催生休闲经济

"欲把西湖比西子，淡妆浓抹总相宜。"在美丽的西子湖畔，11月12日上午，以"全域旅游、田园城市与休闲发展"为主题的2017中国（国际）休闲发展论坛在浙江宾馆盛大启幕。本届论坛由杭州市人民政府、《小康》杂志社联合主办，中国文化艺术发展促进会、中华体育文化促进会特别支持，杭州市西湖博览会组委会办公室、《休闲》杂志社承办，浙江大学管理学院休闲管理研究所、杭州市休闲发展促进会、杭州市旅游休闲人才协会协办，杭州休闲文化传媒有限公司执行。会上，山西省人大代表、全国五一劳动奖章获得者、长治县振兴村党总支书记牛扎根做题为《特色引领乡村振兴　三产融合催生休闲经济》的主题演讲。

振兴村位于山西省东南部，长治县振兴新区境内，地处太行山西麓，上党盆地南缘，北距上党古城35千米，离山西皇城相府、太行山大峡谷及平顺通天峡均1.5小时左右的路程，离乔家大院、平遥古城3个多小时的路程，离长治王村机场1个多小时的路程，交通便利、地理位置优越，四周群山环绕、翠绿掩映、气候宜人。全村总面积6.6平方千米，农业人口2 309人，职工5 600人，下设一个集团公司，5个子公司，工农业总产值去年是25.9个亿，村民人均收入36 000元。

据牛扎根介绍，振兴村认真贯彻落实十九大精神和"四个全面"战略部署，依托山水相依的自然生态资源优势和工业基础，瞄准生态绿色的宜居环境、健康向上的文化生活、多元并举的经济强村目标，坚持以"特"为新、以"文"为魄，以"旅"为径，全力推进乡村振兴建设，实现了文化内涵与经济产业共生，自然风光与人文景观互相映衬，三产发展与农业增收互相融合，走出了一条宜居、宜业、宜商、宜游的休闲建设之路。

首先，按照习近平总书记提出的"绿水青山就是金山银山"的新发展理念，启动生态修复工程。五年来，振兴村先后实施了山坡植绿、身边增绿、庭院披绿三大绿化工程，规划建设了"五个千亩"种植基地——千亩干果经济林种植、千亩道地药材种植、千亩小杂粮生产、千亩花卉培育和千亩有机蔬果种植，既实现了山坡绿化，也催生了绿色经济。同时，对村内主干道路、大街小巷全面绿化，并建起三座花卉园，村里及周边绿化总面积达2 000余亩。大力倡导庭院绿化，为村民提供葡萄及藤蔓植物幼苗，并免费指导种植。五年来，振兴村绿化总投资达到6 500万元，累积绿化荒山2 000亩，植树135万株，全村绿化覆盖率达到72%，人均绿化面积35平方米。

其次，按照习近平总书记提出的"看得见山，望得见水，记得住乡愁"的要求，大兴"体验式"乡村旅游，将振兴村建设成为全国美丽休闲乡村。五年来，振兴村以红色文化为集聚、以传统文化为基石、以民俗文化为特色、以体验教育为目的，启动美丽休闲乡村建设，先后建起抗战主题广场、解放战争主题广场、红色收藏馆各一处；孝廉公园、中华道德先圣堂、中华儒学先贤堂各一座；并建成全国首家村志收藏馆、全国名村文化馆和中华百家姓文化馆各一处；具有北方民居特色的茅草屋三处、以花中四君子"梅兰竹菊"命名的文化长廊四条、融儒道佛"三教合一"的寺庙槐荫寺一座；新建拓展训练营、秋千园、赛马场、鹊仙吊桥、恐龙馆、电子游戏馆、风车灯海、蝶恋花海景区、生态农业采摘园等农事体验、休闲娱乐场所多处；鼓励村民户户参与、家家赚钱，建设农家乐70余户、民俗酒店6处、民俗养生会所9处、大型生态酒店1处。

"今年，占地20 000平方米的现代化停车场和游客接待中心也已顺利竣工。目前，吃农家菜、住农家屋、购农产品、体验农事，城里人的新追求让振兴村的特色旅游集聚了大量人流、信息流和资金流。"牛扎根表示，目前，振兴村年接待各类旅游团体70多个、游客50万人，综合收入3 000万元，已经发展成为一处集山水风光、休闲娱乐、民俗体验、度假养生、农艺博览为一体的特色乡村旅游景区。

风到劲处始扬帆，乘风破浪终有时。"我们村在全面乡村建设的发展进程中，虽然取得了一些成绩，但与全国众多兄弟乡村相比，还有很大的差距和不足。"对于今后振兴村的发展方向，牛扎根已经有了答案，"今后，我们将认真学习借鉴各地的宝贵经验，按照习近平总书记提出的振兴乡村计划，建设特色小康村镇'看得见山、望得见水、记得住乡愁'的要求，坚持走生态引领、三产融合的发展之路，努力打造北方最具特色的度假胜地，在全面乡村振兴战略中再上新台阶、再创新业绩，走进新时代，共富新征程。"

（来源：中国小康网 2017-11-12 http://www.chinaxiaokang.com/2017xxfzlt/ldyjb/2017/1112/295446_2.html）

案例提示：从"三个绿化工程""五个千亩"到三间茅草屋、四条文化长廊、一座寺庙等旅游项目的打造和汇总，使振兴村乡村旅游再上新高度，形成振兴村的独有特色，引领了乡村休闲经济的全面发展。

2. 背景音乐法

背景音乐法是巧妙安排乡村生活中的典型人文资源作为整个乡村旅游产品的背景氛围，就如同衬托美丽画面的背景音乐一样，形成独特的人文衬托。

"油菜花热"应带动休闲农业和乡村旅游，助农民脱贫致富

油菜花如何才能"常开不败"

春到乡村，草长莺飞，金黄的油菜花盛开在我国无数片田野。从陕西、重庆到湖南、江西，众多乡村纷纷举办"油菜花"节，铁路部门联手旅行社还开出了"赏花专列"。

我国是油菜的原产国，农民素有种植油菜的耕作传统。"油菜花热"能否带动休闲农业和乡村旅游？如何使更多的农民借此脱贫、致富？

如何变身"常年游"？

油菜花虽美，但光看油菜花还是未免有点单调。各地乡村使出浑身解数，为油菜花搭配"游点"。湖南省浏阳市达浒镇把油菜栽种在"小象鼻山"景区旁，排练了木排上"刘三姐对歌"的情景剧。

在安仁县，既能现场看春分开耕仪式，还可体验农家小吃，游览国内首家稻田公园。"远近高低各不同"，拥有金黄的油菜花和层层梯田、传统民居相互衬托的江西婺源，推出了索道、热气球、玻璃栈道等不同角度的空中赏花游项目。

记者注意到，目前的油菜花观赏，是典型的"周末游"。湖南一乡镇政府筹资100多万元，建了1个有近百个车位的停车场。车位在平常绰绰有余，但在油菜花节，只能停放十分之一的车辆。

油菜花开时间只有1个月，乡村旅游如何变"周末游""月游"为"长年游"？浏阳的古港镇颇有"心计"。走入镇里的梅田湖村，可见油菜花旁矗立着各式各样的"稻草人"，关公、樱桃小丸子、八仙过海、赶牛扶犁耕田的农民……它们是去年秋收之后，由当地村民用收割稻子剩下的秸秆编制而成的。古港镇还曾结合空中定位技术，在田野里用彩稻精心栽种了"吉祥中国娃"图案，吸引了大批游客。

借助油菜花旅游，3月中旬，浏阳市公布10条乡村旅游精品线路。结合"幸福屋场"建设，近年来浏阳很多村庄都维修了保存的祠堂，挖掘整理了乡土名人事迹，为乡村旅游增添了人文内涵。让更多的游客进农家，尝农家食品，住乡村，体验农耕生活，延长了乡村旅游链条的应有之义。

如何引入市场力量？

每到周末，油菜花盛开地区的乡镇干部全员出动变身"交警"，疏散蜂拥而来的车辆。"油菜花热"暴露了乡村道路狭窄的短板，一些路段难以会车，有的路段没形成环线，车辆的进出令人头痛。

不像很多景区的开发由专业公司在建设、运营，乡村休闲旅游还是地方政府尤其乡镇政府在唱"主角"。政府有责任加大投入，加强乡村道路等基础设施建设，做好规划引导，但长远来看如何把握在乡村旅游中的角色定位，值得思考。

例如，停车场是发展乡村旅游必不可缺的"硬件"，耗资不菲，主要靠乡镇政府投资。油菜花开得美的地方，往往是农业乡镇，工业不发达，乡镇财政不宽裕。乡村旅游可以富百姓腰包，扬地方美名，但对乡镇财政的税收贡献并不大。

政府在适当时"卸下"乡村旅游"主角"，不仅是缓解财力负担之需，更是让市场主体来发挥必要的作用。从湖南了解的情况看，除少数地区成片流转委托给合作社种植，大部分地区的油菜花还是政府引导农民自发种植。而由龙头企业、合作社或者大户出面，更有利于推动土地流转，依靠成规模的土地，做旅游文章。

如何借助科技创新？

"去年的油菜品种，长得比我还高，风一来就倒了。今年改良后，矮了一截，不再怕风。"湖南安仁渡口乡农民陈清生告诉记者，省农科院的专家在他们这里做跟踪试验，不断改良品种。

油菜成熟之后，湖南很多地方还是靠人力用刀割。湖南一些农民反映，他们试用了机械化的油菜收割机，发现要在油菜十成熟的情况下，才能使用。为了不耽误种植早稻，当地农民一般都是在油菜九成熟的时候就收割。

相当一部分农民仍然使用秧苗移栽法，1对夫妻1天只能完成1亩。如果使用油菜直播机，1天1人完成不少于30亩。不少农民认为一些地方油菜稀稀疏疏，是因为直播技术不行。但记者所见到的长势最好的浏阳古港油菜花，个高、杆粗、花齐，正是直播种植。这证明不是直播技术不好，而是技术完善、接受推广方面还须加强。

一些农民和基层干部期望，通过提高科技含量，扩大油菜花种植面积。如果能够改良品种和栽种技术，适当延长油菜花的开花期，那就将更是乡村旅游的福音。

（来源：经济日报 2016-03-29 http://paper.ce.cn/jjrb/html/2016-03-29/content_296787.htm）

案例提示：油菜花开是美丽乡村的经典画面，是区域最有代表性的"背景"，对其进行适当的综合利用会产生巨大的市场吸引力。如果能从交通和开发运营方式上进一步完善，一定会打造出更加优秀的乡村旅游产品。

3. 声色渲染法
声色渲染法是通过图形、颜色、声音等各种要素，渲染乡村的独特人文氛围。

美丽乡村浦江·罗源村　全国第一个彩色乡村　五彩缤纷的 3D 世界

　　罗源村位于浙江浦江县通济桥水库库尾，2015 年一幅幅栩栩如生的 3D 艺术画跳上了农房墙壁和稻场，把村庄装扮成了"童话世界"，罗源村也因此走红网络，成为五彩缤纷的世外桃源。罗源村三面环山，罗源溪穿村而过，山村风光旖旎。

　　色彩斑斓的罗源村宛如一团织锦镶嵌在浓绿的山坳之中。高低错落的彩色民居躲在其中，初见便颇有欧洲的小镇乡村风情。2014 年以前罗源村还和浦江的大多数小村落一样，在三座大山的包围中平凡得甚至无人知晓。直到这年年底中国美院设计师的到来，罗源村才仿佛一下子返老还童。五颜六色的涂料让整个村子瞬间就华丽转身成了时尚的"国外"小镇，它甚至因此作为"中国彩色第一村"而名声远扬。目前，罗源村确立了"本土""时尚""亲子"和"田园"四个 3D 艺术画主题，并已基本完成。彩色的房屋躲在油菜花间，五色米筛爬鲜美可口，还有那个写满历史和人文风情的宗祠，行走在罗源村，仿佛掉入了一个温馨的梦中。一个五彩缤纷的彩色村落，粉色、蓝色、紫色……

　　每一座房子都有自己的颜色。它被称作中国第一个彩色乡村，一幅幅栩栩如生的 3D 艺术画跳上农房墙壁和稻场，把整个村庄装扮成了童话世界。"本土"类主题充分地运用了前吴乡的旅游资源通济湖和民生村的油菜花等元素，将其画成 3D 展现在墙壁上，给人身临其境的感觉，拍照也非常好看。

　　罗源村是个历史悠久的村落。据家谱记载，村里的于氏是在 700 多年前的宋咸淳年间迁入的。但于氏并非罗源村的村祖，最先来此居住的是罗氏，罗氏何时建村虽无据可考，但年代更久远是无疑的。过去，罗源村的房子是江南民居常见风格——白墙灰瓦。黑白是这里建筑的主色调。如今村里这样的老房子依然可以看到，只是为数不多。一些老屋的白色外墙常年日晒雨淋，已布满了斑驳的黑色，远看似墨迹斑斑。

　　20 世纪八九十年代，罗源村机缘巧合发展成为远近闻名的锡箔加工专业村，当时本村人口 1 000 余人，外来人口却有 2 000 多人。这门行业让罗源村村民迅速富了起来。就在那几年，村民们纷纷推倒老屋建起了新房——清一色的砖瓦房。建好房屋之后，村民们似乎并不急着粉饰外墙。时至前两年，村里依然是满目的黄砖色。

　　现如今这个村成为一个有名的 3D 村，大家看过电影 3D，玩过游戏 3D，来这个 3D 村，真正让你体会到什么叫作 3D 无处不在！

　　（来源：新浪网 2018-03-27 http://k.sina.com.cn/article_6433451854_17f76af4e00 1005rjr.html）

案例提示：用 3D 艺术画给全村每一栋房子"换装"，形成独特的色彩斑斓的 3D 乡村世界，渲染了生动活泼的浪漫小村生活，成功打造了我国第一家 3D 彩色乡村。

本章小结

本章主要对各种类型的乡村人文旅游资源进行了详细的、系统的介绍，在此基础上，介绍了乡村人文旅游资源的特点、价值与作用，并进一步对乡村人文旅游资源开发与利用的对象选择要点、目标、原则和方法等进行了阐述。

主要术语

乡村人文旅游资源的直接开发　乡村人文旅游资源的综合利用

自测题

1. 乡村人文旅游资源主要有哪些类型？各种类型的乡村人文旅游资源又分别包括哪些具体的资源？
2. 乡村人文旅游资源的价值与作用是什么？
3. 乡村人文旅游资源直接开发的选择要点有哪些？
4. 乡村人文旅游资源直接开发的目标和原则分别有哪些？
5. 乡村人文旅游资源直接开发的方法有哪些？
6. 乡村人文旅游资源综合利用的选择要点有哪些？
7. 乡村人文旅游资源综合利用的目标和原则分别有哪些？
8. 乡村人文旅游资源综合利用的方法有哪些？

参考文献

［1］吴国清. 旅游资源开发与管理［M］. 重庆：重庆大学出版社，2018.

［2］张维贵，余新. 旅游与国土资源管理探索［M］. 成都：西南交通大学出版社，2018.

［3］马耀峰，甘枝茂. 旅游资源开发与管理［M］. 3版. 天津：南开大学出版社，2013.

［4］杨阿莉. 旅游资源学［M］. 北京：北京大学出版社，2016.

［5］孟爱云. 旅游资源开发与规划［M］. 北京：北京大学出版社，2013.

［6］郑耀星. 旅游资源学［M］. 北京：中国林业出版社；北京大学出版社，2010.

［7］高峻. 旅游资源规划与开发［M］. 北京：清华大学出版社，2007.

［8］魏敏. 旅游资源规划与开发［M］. 北京：清华大学出版社，2017.

［9］樊信友，郑涛. 旅游资源规划与开发［M］. 北京：人民交通出版社股份有限公司，2018.

［10］雷晚蓉. 乡村旅游资源开发利用研究［M］. 长沙：湖南大学出版社，2012.

［11］陈瑞萍. 美丽乡村与乡村旅游资源开发［M］. 北京：航空工业出版社，2019.

［12］赵小汛. 乡村旅游景观资源生态规划［M］. 北京：科技出版社，2016.

［13］叶美秀. 休闲活动设计与规划——农业资源的应用［M］. 北京：中国建筑工业出版社，2009.

［14］杨哲昆，何升华. 乡村旅游概论［M］. 北京：国家开放大学出版社，2018.